Anders Beer W

Life of a Young
En Emigrants Ungdomserindringer
Volume 1

Written and photographed by Anders Beer Wilse

Bilingual English Norwegian *Norsh Høstfest 2015*

Translated into English by Odd-Steinar Dybvad Raneng

Til Ellen,

Edited by Deb Nelson Gourley and Christian Wilse

Beste hilsen,

Astri My Astri Publishing

Deb Nelson Gourley

Anders Beer Wilse Photography:
Life of a Young Norwegian Pioneer, *En Emigrants Ungdomserindringer,* **Volume 1**

Bilingual English Norwegian of:
En Emigrants Ungdomserindringer av A. B. Wilse
Oslo, 1936, Forlagt av Johan Grundt Tanum, T. 193694, J. Petlitz Boktrykkeri, Oslo

Original digital images provided by:
— A. B. Wilse / Meyer collection / The National Museum / Nasjonalmuseet [Meyer photo]
— Anders Beer Wilse / Norsk Folkemuseum [NFM]
— DEXTRA Photo, The Norwegian Museum of Science and Technology [DEX]
— Museum of History and Industry, Seattle, Washington [MOHAI]
— National Library of Norway / Nasjonal biblioteket and Boyd and Braas photographers
— University of Washington Libraries, Special Collections [UWL]

Image identification — year photographed and museum identification numbers:
[use the ID #'s to learn more about the individual images on the museum websites]
Title page image — Photomural at Ellis Island Immigration Museum. Emigrantreisens begyndelse.
[1906] Tilvekstnummer: NF.W 05576 & Internnr: NBR9404:17163 [NFM]

Our heartfelt thanks to Petter A. Wilse, Christian Wilse and Marcus Wilse for permission to publish
the bilingual English and Norwegian version of both the 1936 and 1943 Anders Beer Wilse books
and use of the Wilse photographs.

This translation has been published with the financial support of NORLA
(Norwegian Literature Abroad, Fiction & Non-fiction).

Library of Congress Control Number: 2015935028
ISBN: 978-0-9859712-2-9

Written by Anders Beer Wilse
Translated into English by Odd-Steinar Dybvad Raneng
Co-Edited by Deb Nelson Gourley and Christian Wilse
Genealogy chart research by Deb Nelson Gourley and Christian Wilse
Cover layout by Chris Shelton

Owned and marketed by:
Anders Beer Wilse family
c/o Christian Wilse
18 Orchard Street, Canterbury
Kent CT2 8AP UK
cwilse@me.com
http://www.wilse.no

Designed, published and marketed by:
Astri My Astri Publishing
Deb Nelson Gourley
602 3rd Ave SW, Waukon, IA 52172 USA
Phone: 563-568-6229
gourleydeb@gmail.com
http://www.astrimyastri.com

First printing 2015. Made in USA.

Contents — English

innhold — Norsk

The youth of our day often complain that life is hard and demanding; it could be good for them to know that it was much more strenuous to live for most people and for the youth of all classes of society at the end of the last century [1800s]. But the youth of those days had one advantage that cannot be compensated for with any modern comfort; the world lay open for them, there was still enough work for those who would spit in their hands and use all their worth, there were chances for everybody and a future for all pioneers.

Photographer A. B. Wilse [born in 1865] is of a pioneering nature. Raised in Kragerø [Kragerø on the east coast of Norway between Larvik and Arendal — is the southernmost municipality in Telemark County] as an officer's son he grew up outdoors both on the land and on the sea; he signed on as a deckhand on a sailing ship and as an able bodied seaman on a steamship, he became a technician in Horten, and when he could not find a position in his homeland, he emigrated with the old *Thingvalla* to America, stowed together with the other emigrants as cattle in a barn. He narrates in this book about all of this and about his struggle in finding work over there, of disappointments and home longing, about hard work and adventurous events.

The art of photography took giant steps forward in those days, and Wilse found at the turn of the century his calling as an outdoors photographer in Seattle [Washington]. This is also a pioneering work, because outdoor photography has more than anything else captured environments for people and put landscapes into living rooms and into each and everyone's awareness. When we Norwegians today know every village and every region in our land as well as we do, and when the world admires Norway's nature, it is due largely to Wilse's photographic work; he has been a pioneer and settler also in our land [U. S. A.]. This book tells simply and straightforward how this came to be, and gives through this a view of an entire generation and of a life that now belongs to history, and even so is just as exciting and interesting.

Emil Smith

Foreword — 2015

To summarize and write about what Anders Beer Wilse experienced over a hundred years ago is a daunting task. This is thus but a brief summary of recollections of a man who was in the forefront of technology and art, without really being aware of it until he reached his late 40s. Wilse had a gifted talent but moreover was driven by his survival instinct, innovation and the daring spirit of a true pioneer. Today such people are called entrepreneurs but in those days you needed more than just an idea.

Much of the original 1936 foreword still stands true today; for we always think that the youth of our next generation have little understanding of the hardships of the current or previous ones.

My great-great-grandfather A. B. Wilse, dedicated one of these books to a friend and an Olympic fencer of his time, Severin Finne (father of Ferdinand Finne, the artist): "It is not a poetic master piece, but good enough to kill an hour with."

I wish you a joyful hour.
Warmest of greetings,
Anders Beer Wilse
great-great-grandson (by the same name)

Childhood
A boy's life in his hometown — The first trips at sea

That I as an adult first came into railway construction and later went over to outdoor photography has without doubt its beginnings in the beautiful, unbound outdoor life I lived as a boy in my hometown, both out at sea and throughout the countryside.

I was not a big lad before I, as all boys down there in the southern town, began climbing in the hills and going out between the reefs. And I was not more than twelve when father presented me with a shotgun. This and a small rowboat, which measured nine feet [2¾ meters] in the keel, made it so that I could supply the house with many a game tidbit. With the shotgun and a primitive fishing pole, which I had cut in the forest, I romped about a lot in the hills behind town and inland — and probably skipped school now and then when the weather during autumn was temptingly good. Then it also could happen that a hut made of pine branches became my night quarters — to the utter dismay for mother when I had not told her beforehand — a thing I could not do when I had skipped school. But for the most, I came home with enough fowl for the household — and a little extra. One time however, I had little luck, only a couple of common jays. It was during autumn and the young crows were fat, so they should be good eating. I therefore shot a pair, plucked them well, carried them home and presented them as white grouse to mother. In fact there were no grouse in this part of the country, but mother accepted them in good faith and fried them according to all the rules of the game. They were served and enjoyed with visible pleasure. As for myself, I ate the jays. The next day I told the truth, as then it was a little late to have a desire to vomit.

Kragerø in Telemark, Norway, my childhood town. — Kragerø, min barndoms by.
[1909] Tilvekstnummer: NF.W 10939 & Internnr: NBR9404:07604 [NFM]

My journeys were not only on shore. Indeed, quite the opposite — there were expeditions out to the furthest archipelago that the hunt for ducks and auks [black and white sea bird] happened. It could occur that I after a day's absence with my small, light-sailed rowboat came home with so many game birds that it had to be divided between our acquaintances.

At the age of twelve — when I had received my shotgun — I was allowed to join a hunt for hares. My hunting companions were grown men, aye — even one of them was in fact the town's policeman. It was a wonderful hunt — I thought — only if it had not been the thing with the aquavit. We had to row from town about three o'clock in the morning, and then it was to go out on an empty stomach, as I did not wish to awaken the servant girls to prepare breakfast for me. We had not rowed far before the bottle of aquavit came out, *to put some heat into one's body*, as the policeman would say. And I had to join them — I was an adult too. But horrors — how I felt that it screeched and tore down through my intestines! Aye, it was this thing about having a dram in the boat and a dram for the kill when the hare was to be gutted, which for many, many years made it so that I could not tolerate the smell of aquavit. And now when I am writing this, it is still before me the horror of having that dram on an empty stomach on that bitterly cold morning on the fjord.

But it was not just the hunt that occupied me; I was also very fond of taking care of animals. And when I now see small birds fluttering about in the wheat field outside the house, my thoughts go back to all the animals I took care of, as much as I wanted, during my childhood. Doves and rabbits I had from when I was knee-high to a grasshopper, when

Public school in Kragerø, Telemark, Norway. — Borgerskolen i Kragerø. [1913]
Tilvekstnummer: NF.W 15078 B & Internnr: NBR9405:22738 [NFM]*

the place we lived in allowed such things. Dove houses and rabbit hutches I made myself, as father was interested in that I should learn practical work and early on gave me tools.

As autumn wore on, my bedroom became almost like a menagerie. I had squirrels, lemmings and bullfinches each in their own cage. The squirrels I caught in such a way that I inserted into my muzzle-loading gun, a projectile consisting of a single yellow pea and shot them so they fell down in an oblivious state. Then it was to run and grab them by the tail and put my cap over their head so they could not bite me. In this manner I carried them home. But it was a long and difficult affair. Now and then I could be so unlucky as to stumble, and — zip — they were gone! Or it could happen that the tail I was holding tore off and I was left standing with just some hair in my hand. — Occasionally I had to find a new squirrel as either I or the servant girl through carelessness had let the one I had out of its cage.

When I had kept a squirrel in a cage and fed it well with hazelnuts for a while, it would begin to become a little tame so that I could put my hand inside and feed it. Then came the time that I could let it out into my bedroom, and after there was great joy. It became so tame that it came and found a nut that I had hidden away, especially in my jacket pocket. As soon as it had been let out, it climbed up on me and disappeared down into my pocket. Now and then it could happen that it would bolt into the living room, but mother did not like it when it caused damage to flowerpots or curtains. But it was to the delight of father when he came home from the office, and as quick as lightning it would disappear down into his jacket pocket. When spring announced itself, I would let it go, and I would do the same with the other animals I had.

That time when slips were along the whole coast.
— Dengang det stod beddinger langs hele kysten. [1919]
Tilvekstnummer: NF.W 20452* A, Internnr: NBR9404:14807 [NFM]

Together with a neighboring boy I once had a tame magpie, which we had brought up from when it was very small. We called it *Jakob* — and it knew its name and the manner in, which we would whistle to call it back. It was allowed to stay out all day; but when it began to grow dark it would come home and sit on the lamp post outside the window and shriek, and if it was not heard, it would peck at the window. Before I went to school in the morning, I would let it out again.

But the funniest of all our animals were the two fox cubs that we had tamed so that they were like faithful dogs. When we took the rifle and let them out of their enclosure they flew around us just like pups. And off they went. They ran up the hill in an instant and disappeared. As soon as we were in the forest they were beside us again and following us faithfully. But as soon as they noticed that there were other people close by, they disappeared and did not come back until they felt safe again. If we shot a bird — a thrush, a jay or the like, they immediately ran and helped themselves from the spoils, which they shared in a brotherly manner. But I always sought to rescue the blue wing feathers of the jays for hat decorations for my sisters and their girlfriends.

Besides hunting, our life in the hills and our friends and animals, there was bathing and climbing aboard all the sailing ships that arrived into port or, which had been laid up; this is what occupied us boys there in the town down south.

When I was small, I had a real fear of swimming. This probably came from the fact that my father took me along to the swimming baths where it was cold and clammy to undress and where the sun nearly ever shone. Undressed, it was just to grab on to father's back as he dived in. And then it was necessary to cling on really tight — if I did not want to risk going to the bottom, as it dropped off suddenly.

Ships laid-to in winter. — Skuter i vinteroplag. [1909]
Tilvekstnummer: NF.W 10935 & Internnr: NBR9404:07600 [NFM]

To climb in the rig of all the laid-to ships were boys' greatest delight and joy.
— Å klatre i riggen på alle de oplagte skutene var gutters største fryd og glede. [1918]
Tilvekstnummer: NF.W 20211* A & Internnr: NBR9406:02041 [NFM]

But then one summer I visited father at *Graatenmoen* [military exercise camp in Skien], where he was a captain and had his own tent. There I was placed in a pistol gun case, which stood on a trestle under the writing desk. For this reason the officers called me *Pistolen* [The Pistol].

Every forenoon the men were sent down to the River Skien to bathe, and it was there that I learned how to swim. I, who came from a coastal town, did not want to be a lesser person than the boys from over in the valleys.

When I came home after holidays, I was not just a little proud, being able to throw myself out from the barren mountain ridges and swim in a race against my friends. We were in the water most of the afternoon and made all sorts of swimming stunts. Mainly they consisted of duck diving and picking up things from the bottom at different depths. Hence, we learned to swim under water with our eyes open. The most foolhardy thing we did — and I still shudder when I think about it — was to swim from one side to the other under the log rafts, which were towed by steam tugboats. The log rafts were rather wide, and I think now with horror as to what would have happened if we could not have held our breath long enough. But all this — climbing, balancing, and especially swimming under water with eyes open — came into good stead later. I was actually in a shipwreck off Newfoundland, and my rescue was without doubt due to the antics from my boyhood days, even though I was out of practice.

When spring arrived many a ship went into ice trafficking.
— Når våren kom gikk mange av skutene inn i istrafikken. [1908]
Tilvekstnr: NF.W 08551 & Internnr: NBR9404:05544 [NFM]

There is a particular incident from my boyhood days that I remember clearly, which I will here mention. — It was a Sunday in December when we were climbing around in the rigging on the sailing ships that were moored side by side. The principal feat was to climb up the masts and kiss the ball on top of them, and the winner was the one who climbed up most of them. That it went badly with our Sunday best did not bother us much.

When we had climbed to the top of the three masts on one ship, it was then to hop from the bulwark over to the next. This I was to do, but the distance was too great, and I remember that I knew that I would not make it. But I would not be looked upon as being inferior to my friends, whereof some had already crossed over. I jumped, but did not reach the target and therefore went down between the two vessels and deep down into the icy cold water. I still remember seeing the copper cladding under the bottom of one of the ships, having fallen diagonally and thereby having come underneath. Now was the time when the practice of holding my eyes open helped me; I knew where I was and how I was to swim to arrive at the surface. The height of such an empty ship is rather large, so I had come well under. But finally I came up into the opening between the swaying hulls, and by the boys who threw a rope end down to me, I was hauled up as quickly as possible so as to not risk becoming squeezed flat if the ships should draw together. Then it was just to wring most of the water out of my clothing and climb up into the rig again to get some heat into one's body.

A ship steering home in the familiar fjord accompanied by the pilot boat.
— Skute som stevner hjem den kjente fjord i følge med losbåten. [1909]
Tilvekstnummer: NF.W 10900 & Internnr: NBR9404:07563 [NFM]

Because of our continuous wandering about on these ships, the longing of wanting to go out with them developed. And when I was thirteen years old, I had the opportunity to be signed on as a deck boy on a voyage during my summer vacation on a large ice loaded brigantine, which had two *royals* (a sail set next above the topgallant on a royal mast). We were two deck boys, a farm boy and I. For me the work on board came easy and naturally, but for the other deck boy — poor lad — who saw the sea for the first time, it fell hard and was a struggle. Just climbing up in the rigging was no easy task for him, and it was no feat for me when the captain ordered both *royals* reefed, to be first man up and have my *royal* stowed long before my sidekick had even reached the top.

On the voyage, there were days with light breeze, and with many a trolling line out after mackerel, we glided slowly towards the English Channel. We were loaded with ice and heading for Hastings, whereto half the cargo was already sold, whilst the other half was to be sold when we arrived. There were no wharves to lay-to at Hastings, so we had to anchor in the harbor and load the ice over into barges, which then were pulled up on shore. If we wanted to go ashore, some of us had to hop into the sea and haul the boat clear of the breakers. We had a big stout fellow on board as the pilot. He had developed a soft spot in his heart for me, and when we were to alight ashore, he would wade out to me and put me on his shoulders. As a signed on member of the crew I had to go with the boys up to the bar and have my drinks as well. And there was a great fuss one day when I after shore leave did not meet up at our boat to row aboard. Everywhere was searched until late into the evening. Then my protector, the pilot, found me sleeping heavily on the shore after the merriment. There were always many people down at our boat, for it was said that our vessel was the largest that had ever been anchored in the harbor with cargo. One day there sprang up a dangerous onshore gale, and then we had to let the anchor go and set sail post haste. The anchor we were later given the task of retrieving.

As half the cargo was not sold, we sailed from harbor to harbor, to great joy for me, who thus could then also see Folkstone, Deal and Margate.

And then I came home again, loaded with gifts from England — considerable things that were very new to our small town. I felt as if I was a man of the world.

When I was seventeen, I left town to attend Horten's technical school, and after finishing there, I was during winter given the position of grease monkey on *Østlandske* [eastern seaboard] Lloyd's passenger ship *Memento*, which went between Kristiania [Oslo] and Antwerp [Belgium]. It was not exactly the most congenial life on a winter's day to be flirting with the North Sea. At one time it happened that we had such a head wind that we began to run out of coal and had to turn to the cargo, which was compiled of wood pulp. When we arrived in Antwerp, we — the machine crew, had a hard job with carrying ashore all the oil waste that I had scraped up from the bottom and also all the slag from the boilers. But then, we did receive refreshment at every turn. There were in fact sweet girls — clean and neat to look at — who offered us bottles of gin, which they carried in a basket on their arm. A gin and a smile did wonders for sore shoulders.

In the summer of 1884 I however stopped working at sea, when I through influence could acquire employment in the draft office at Nyland's Workshop. But when I after a week's work asked what the salary was, I received the answer that I should be delighted to be able to work there without any salary. "No," said I, "give me ten *øre* [Norwegian currency] per day, then I shall stay, but without any salary — no thanks!"

To America
The voyage over with *Thingvalla* — The first employments

It is not something peculiar to these days that it is so difficult for the youth to find work here at home — it has been so in the past as well. But we who were young at that time had the advantage that it was not associated with any difficulties to emigrate. And when I had said farewell to Nyland's Workshop, I decided to make this change. I left for home, made myself a traveling trunk and a suitcase, and equipped by mother as if I was going to the North Pole; I left my childhood town in the middle of October 1884 to try and make myself a future in America.

In Kristiania [Oslo] harbor the *Thingvalla* lay at anchor ready to swallow me and many others down into the orlop deck (deck below the lower deck). It cost money to cross over, and as it was father who had to take the fall, there was no talk of anything else other than that an emigrant berth was good enough for me. I was young — nineteen years, healthy and at home on a ship — so why use unnecessary money on a ticket?

Before I went aboard it was just by coincidence that I met two lads of my own age who also would set out, and so we joined company. Bed clothing and eating utensils we had to take care of ourselves, and for a *just in case*, we also took with us some treats like salami nibbles and bits of cheese. The whole of the orlop deck was set up with double decker iron beds. There was no separation of the sexes. We were almost regarded as cattle, and both the food and the treatment were also as such. The only difference was that we lay, while cattle normally stand. But as young, happy lads we soon adapted ourselves and suffered no need. Neither was there a lack of many a funny episode, whereof I shall just mention one:

In the one row along the ship (there were three) lay a farmer from *Telemark* with his family — wife and children. Chairs or benches were not to be found down there, and when

The dining room on a Thingvalla ship — Fra spisesalen på en Thingvalla-båt. [1904]
Tilvekstnummer: NF.WB 00766 & Internnr: NBR9311:02456 [NFM]

we sat on the edge of our bunks to eat, we had the farm family right above us. And there was something this family was eating that had our mouths watering more and more as we drew away from Norway. It was divine, brown *vørterkaker* [a special sweet, round bread containing brewers wort] — and he had a whole potato sack full. How in the world were we to get hold of some of these cakes?

We began to negotiate and offered him 25 *øre* [100 øre in a Norwegian krone] each. The shop price at that time was 20 *øre*. But no — he would not sell. So we had to try a different tactic, for we now had it in our heads that cakes we would have. And as the farmer, besides being the owner of the cakes, was a disagreeable, quarrelsome fellow, we decided to play a trick on him.

From the [ship's] steward we had bought some white cheese, which was very cheap. When we ate, we burped properly with it every time the farmer looked at us, so that in this manner we would awake his craving. And it was not long before he succumbed to the temptation. It became barter time, and we received six *vørterkaker* for some cheese that had cost us 40 *øre*. We had won a victory, but we were not satisfied with just that.

Every Monday the deck down there was scrubbed with soap and water, just as this is the day there would be fresh soup and boiled meat. The serving went in this manner that it was carried down in a big metal container, which was placed on top of the hatch of the cargo hold. We then had to line up with tin cans and tin plates and be allocated out rations. One time it happened that we had a bit of sea, so that the boat rolled a bit. One of my friends had just had our container filled with our three portions when the boat heeled. He pretended that he slipped on the wet soap covered deck, and to get his balance again he swung the container around and let it hit the farmer, who was standing nearby, right on his head, with the result that the scalding hot soup went down his back, whilst the meat and potatoes went rolling back and forth along the deck.

Naturally, this was not planned — I must add. — —

When the sea increased, the hatches were battened down. And the air that was down there in the orlop deck is indescribable; green-soap [a soap paste that was used for washing floors and decks] smell mixed with cabbage and meat, not to mention the stench all the poor passengers gave off. But then again — they were just only Norwegian emigrants — on a Danish ship.

* * * * *

After a good fourteen days voyage we had arrived at New York. And never did I dream I would another time come aboard the old *Thingvalla*. But that is another story.

We were in the land of milk and honey. But the first taste of the extolled freedom we did not think was exactly anything to raise a giant statue for at the entrance of the bay. As cattle we were driven ashore at Castle Garden — emigrant terminal. And as dismal criminals we were inspected, scrubbed and stowed together, until they thought they had enough [lice] off us and finally let us up into fresh air, proper food and cleanliness.

In New York I had a friend who worked in the office of Funch and Eddy. And we decided that together we would see a bit of the city before we parted and went our separate way. We could a bit of school English, but we did not dare use it without being forced to. When we went to restaurants to eat, we always chose those places that hung signs with a list of what they served and with the prices shown. We did not try anything else other than roast beef as we knew what this was, and therefore we only needed to point at the sign. But roast beef two times a day for three days was a little monotonous. That we were *greenhorns* we received conclusive proof of one day. By the ferry to Brooklyn a man stood and was selling bananas, a fruit, which at that time was completely unknown in Europe. The passengers were willingly buying and receiving their bag. Why should not we? And as soon as the ferry began to go, we helped ourselves to a banana each, but we came to the conclusion that the skin was damned tough to chew.

My two friends from the voyage over had tickets to cities in the eastern states, whilst I was with uncertainty as to the regards of where I should go. I had a relative in Minneapolis, and also a recommendation to a pharmacist out in Dakota, a brother of my *police* friend. But when I did make a decision, it was that I would stop along the way to Milwaukee [Wisconsin], at that time a city of about 100,000 residents, to try my luck on whatever. There were large sawmills there and the world's largest brewery.

Then one day I went off on a migrant train. It was the cheapest — but far from being an express train — so if one was to count one's time in a monetary value, and add the food one is in need of having with one, it was an obvious loss to take it. And it was a journey of more than four days, without any other sleeping arrangement to be had, than straight up and down on the train seat.

When I arrived in Milwaukee I took lodgings at a Swedish boardinghouse. Here I was given a small cubbyhole where there was barely room for a camping cot, a chair and a table with a small kerosene lantern on. It was at dusk when I arrived and assigned this *room*, which was to cost me two dollars per day — a rate that would have given me a room at the *Grand* [Grand Hotel in Oslo] at home.

I had been brave on the whole trip so far, but here I broke down. I felt myself so totally alone and unhappy that I threw myself down on the bed and sobbed. But this was the first and last time I sobbed from the feelings of desolation and home sickness, later it was a matter of gritting my teeth together.

Next day I was up early to offer my services at different places; but by afternoon I came back tired and disappointed to my cubicle. For three days I held this going without any result, and finally my supply of money had dwindled so that I could barely scrape together enough for an emigrant ticket to Milbank in [northeast] South Dakota. This was just a two-day trip, and it went through Minneapolis, where an aunt of mine lived. It was undeniably tempting to stop and try myself there; but on closer reflection I found that I would only become even more tormented. So, now I had burnt my bridges, and if it went wrong at the pharmacist's in Milbank, then it surely must be possible to find something, even if it was on a farm.

Then one day I arrived a Milbank — a small town of maybe 500 souls, one of the outermost stations on a railroad that stretched itself out over the flat, endless prairie. The pharmacist greeted the unexpected guest with endearment after he had read the introduction letter from his brother. I was to live in the small back room of the pharmacy and I brought in my travelling case that I basically had not seen since it went down into the hold of the *Thingvalla* in Kristiania [Oslo], replete with thick lashings and locks. I had only just seen it in transit from Castle Garden to the railway station. The American check system for luggage is brilliant. One goes to the station with one's suitcase and it is checked, and then one does not see it anymore until the final destination, even if it goes over several different lines. My suitcase looked rather battered, as it was not designed to withstand the brutal manner in, which the luggage is handled over there. It had barely held together. Had it not been for the strong lashings, which had been done in a good seamanship manner, I probably would have never seen it again.

The content also looked in bad shape. A jar of raspberry conserve, which mother had put into a sealskin cap, was smashed and the conserve was everywhere, and the home baked tea breads were reduced to just crumbs, which had spread over and into everything. Strangely enough though, my white gymnastic attire was spared from the conserve, and lucky it was, because well into winter I had great success dressed in it at a masquerade ball on roller skates. The sport at that time went like an epidemic through the western states. Every insignificant town had to build large skating halls, but then it was also just about the only entertainment one had in the evenings.

At the pharmacist I was immediately put to work. First it was to set the fire in both the shop and the kitchen in the morning, and then to sweep and wash the floors. There was no servant girl, despite that the family consisted of three children as well as the adults. When this was done it was to start rinsing bottles, open up cases, chop firewood and carry in water, and if there was time to spare and the weather was fine, I had to exercise the three small ones who were of the age between four and nine. The wife was German, and the daily conversation hence was held in three languages, whereof two essentially became effective as far as I was concerned.

When I had been there for about a month I was given a job as sales clerk at Erlandson and Johnson, two Swedish farm boys, who had shot ahead so that they had the largest shop in the place. Here they sold all sorts of things, from grain, potatoes and lime to silk fabric, clothing, grocery, shoes and crockery. The wage I received was twenty-five dollars including board. The shop was sixty feet long and twenty-five feet wide with two counters by the long walls. The middle part of the shop, where there was a colossal round stove, was often used in the forenoon to unpack farmer's wares, mainly eggs and butter, which they exchanged for numerous other things. We also took various types of pelts as barter. And at one time we bought six thousand muskrat skins in one go from some Indians. We paid them six cent per pelt.

In the back of the store there was a small glass enclosed section that was called the office, whilst another section was occupied by syrup barrels and a petroleum tank. It was fitted with a hand pump; but every now and then during winter the petroleum could freeze to the consistency of porridge, and then we had to use a metal ladle. The cold could be terrible out there, all the way down to -52° Fahrenheit [-46.67° Celsius]. And when the wind always blew intensely and the houses were so badly built that they stood and swayed so much that things fell off the walls, it was not so strange that even the petroleum froze. The vinegar barrels we often had to knock the bottom out of then chop the vinegar into bits and thaw it.

To heat up this massive room in the winter was a dreadful job. To light the fire I would use an armful of boxwood, then straw, paper and a liter of petroleum on top of it and then two drums of coal. This gave it a good start; but during the day it had to be steadily filled up, and yet it was so cold by the counters that we had to have coarse woolen socks on the feet and a winter coat and winter cap. The hands we had to have ready for work, but they would become stiff from the cold.

My actual job was to expedite, but I had not been there long before I also had to take over the book keeping, when I was alone with the proprietor. I began my work at seven o'clock in the morning and kept going until ten or eleven o'clock in the evening before I was finished with the books. A one-hour lunch break was all the leisure time I had.

When the cold set in during the middle of December, and when it was at its worst, I could lie in bed during the night and hear the naked earth crack with the sound of small cannon shot. The snow was never able to lie evenly, but flew together in drifts so that large stretches were bare of snow. One time when I was ill, I had received some medicine that stood on the bedside table. The main component was apparently alcohol, but the bottle had frozen solid and burst during the night. My room, which was above the shop, was so totally drafty that it often happened that the blankets by my head were covered in frost and partly frozen together.

In the evening the shop was the meeting place for a number of the town elders, who sat on spindle backed chairs with their feet up on an iron ring, which went around the huge oven. This was often red hot, and I was surprised that they did not burn their boots. Here they sat and spoke of the day's happenings and discussed their experiences with the Indians whilst they chewed tobacco and spat. Spittoons we had several of, and it was fantastic what accuracy these men had in placing the stream of spittle in the middle of them, even though they stood several feet distant.

My first job in the morning was as I said, to fire up and thereafter sweep the floor with a really stiff piassava broom, which picked up the worst. Any daily wash was out of the question, but once a month we hired a water wagon that sprayed so much water that the floor was afloat, whilst we with spades and scrubbing brushes loosened the worst of the muck. When one thinks of all the farmers who had come in straight off the country road with more or less earth frozen fast to their footwear, and that this earth thawed out in the warmth of the shop and was trod down along with the tobacco spit, ash, bits of straw and other debris from the farmer's boxes of goods, then it is not so strange that the muck made a huge unevenness on the floor.

Christmas Eve I spent together with the Norwegian doctor there, Mr. Thon — one of the good old type, plump and genial and with big sideburns. He cooked for himself, and for the occasion of the church holiday he had tidied up the office, which also served as the lounge room. And when I late in the evening was finally finished in the shop and I arrived, I could for a long way off smell, which dishes we were to have. Aye — sure enough it was *får i kål* [mutton in cabbage] — cooked in a good Norwegian manner with genuine *Lysholmer* beer as well! I must say that we certainly indulged ourselves! — The evening passed in cheerful company. I told and he asked about Norway, where his family was living. We exchanged gifts that were not put on any Christmas tree; it was probably too far away to be freighted out here. I presented provisions, and he gave me a bottle of good whiskey. And we were both happy in that we had not needed to spend this year's, in my opinion, only church holiday — alone.

On the hunt for a new job
St. Paul and St. Louis — in an architect office and border surveying

Finally spring arrived, and with it came large flocks of ducks, graylag geese and swans. When they arrived on their migration in the evening, they were as clouds before the sinking sun and they quacked so it could be heard a long way off. A white goose species called *brand* [?], many times covered the ground so that it looked like snow. Strangely enough there were few or none who shot them and disturbed their pilgrimage towards the north. It was different during the autumn migration, when large hunting parties came from Minneapolis, and they could after a couple of days return with thousands of birds. This was a murder, which naturally could not be without consequences — something that has shown itself with time. This bird species is now virtually extinct.

With the arrival of spring grew the desire to travel. When a school friend had just arrived from Norway, we agreed to try our chances in one of the big cities. We therefore went down to St. Paul where I had some acquaintances who I had met through the shop. We took board in a small Norwegian boarding house and tried to see what my acquaintanceship was worth. Unfortunately, it showed that all was well and good as long as they could take advantage of me for the facilitation of a sale to the Erlandson and Johnson shop — but now it was another matter. I had by this time learned so much English that I managed well. The language was no longer a barrier that stood in the way — and that gave courage.

We had to move on — and so we went down to Chicago. Here I received employment in an architectural office, whose main objective was to build huge grain silos, and my friend received work to sign up subscribers at one the city newspapers on a commission basis. His income was not large, but when we joined them together with my income, we managed the daily expenses, which of course had to be brought down to a minimum. We provided ourselves with breakfast and the evening meal, —, which consisted of fried eggs and bacon for breakfast and beefsteak in the evening. The underside of the plate was used for breakfast whilst the right side was used for the steak. Time did not allow for washing up except for once a week.

When my job was finished in the middle of July, the wanderlust took the upper hand with us again, and we packed our suitcases.

We took the train out to Des Moines [Iowa], situated on the Des Moines River and bought a ticket with the river steamer down to St. Louis [built just south of where the Missouri River flows into the Mississippi River] in Missouri. Only God knows why we did this — it has never been clear for me — but it was as if something drove us there. Besides, we wanted to see the country, even though we did not have much money and because of the money situation we did not dare eat on board the boat, and therefore we had to go ashore into the different towns we stopped, to buy some bread, butter and apple pies.

The journey took two days, and when we landed in St. Louis, we stood with $15 in our pocket. Five of them we had to pay out for the first week's lodging without fare. Now it certainly began to become serious — where indeed should our income come from? Down here we had no friends or acquaintances — and of Norwegians I think there were very few — so we had to rely entirely on ourselves.

The first night at our lodgings we made acquaintance with the plague that was so rampant in America, namely — bedbugs. We both awoke during the night with a bestial itch and when we managed to light the kerosene lamps we discovered that both the sheets and we were covered in blood. We began a nightly hunt, and as we gradually caught the bloodsuckers we dropped them down the glass chimney of the lamp until it became so full that it threatened to not function any more. So we had to resort to the washbowl. Afterwards we tried to lie on the rug down on the floor, but there we thought we would actually be bitten to death. — And so there were two tired bite covered boys who went off in the morning to hunt for work.

The first thing we did was to get a map of the city. Then we immersed ourselves over the newspapers to read the advertisements of positions vacant, and then it was to rush off as quickly as possible with the streetcar to the given addresses. But of course we always arrived too late. — Soon it depended on bringing our costs down as much as possible, and to save on buying newspapers, we sat ourselves in the reading room of one of the hotels. This we could safely do as we were still well dressed. One day after the other went without a result. But food we needed to have — albeit ever so small. And the money we had, we had to reserve to pay our lodgings with. Now, in the city there were a number of big saloons — restaurants that only served drinks. The law however, stated that for the guests to be served drinks they also had to eat something there, and this led to the humbug that there was a stack of small, hard pretzels with salt on and another stack of cut up pieces of cheese on the bar. But then the big saloons began to compete against each other, with the result that they served complete meals with soup, meatballs and other foods. The idea was that after having received a portion of food one was to go to the bar and order drinks — even if it was only a glass of beer for five cents. This lunch was only served in the middle of the day.

Money for drinking beer we had not, but we had a ravenous hunger in terms of food.

But how should we manage to get hold of it? After careful consideration, we went ahead with the following plan: In the hotel where we normally read the newspapers we came early in the morning and seized the just distributed, comic magazine, *Puck*. Armed with this and a writing pad from the hotel's writing room we headed for a saloon at a time when we knew there were many guests. While my friend was trying to persuade the bartender to subscribe to Puck, I was helping myself to food — thereafter we made our way to the next saloon where we changed roles. This we kept doing for several days until we were about to start the round again after having visited all the saloons that served hot food. But then we were recognized, and a powerful Negro hand on the neck and a well-aimed kick in the behind, sent us out into the street again at a certain speed.

This of course was a sad end to it, but food we had to have. To pay for our lodging we eventually had to go to the pawnshop with everything we owned of value. And with what we received there, we could not afford more food than six bread rolls per day — washed down with the yellow water, which was so polluted that in a glass full there was a half teaspoon of sand residue in the bottom. This was in the middle of summer and there had been a prolonged dry spell with an intolerable heat — something we certainly felt — and thus the Mississippi, where the water was taken from, had an unusually low water level.

In town there was a large market where the farmers brought their products to peddle; vegetables and all sorts of wonderful fruits. Our first visit in the morning after having chewed and washed down two bread rolls each was to the fruit market, where we went around and tasted grapes, apricots and peaches. Each equipped with our writing pad from the hotel, we noted the vendor's name, address and price, as we pretended that we were

At home with Kristoffer Jansen in Minnesota.
— Hos Kristofer Janson i Minnesota.
[circa 1886] Image scanned from Wilse's 1936 book.

representatives of a newspaper. In the meantime — when we were not looking for a feed, we tried in every manner to find work.

There was to be constructed a cable car track in the town, and for this there began an extensive excavation work in the streets. We presented ourselves for service to the boss, but our hands disclosed that we were no laborers. Down in Texas there was a railway strike. We presented ourselves at the hiring office and full of high spirits we departed therefrom with the promise of a job the next day as firemen [on the locomotives]. But later when we were to sign the contracts, it was the hands once again that was the decisive factor — and that despite the fact that we had soiled them as well as we could.

We also walked all over the place down along the river and offered our services to work alongside the Negro crew on boats that went upriver towards St. Paul — but no! —

Out in the residential district there were nearly always lawns around the houses. And one day we decided to take orders for cutting lawns. We wandered from house to house and finally ended up far out in the outskirts of town, footsore, hungry and exhausted because of the insufferable heat. Our yield was two orders — and a message to come back the following day. The procurement of a cutting machine was right uncertain — only if we were given enough orders.

We threw ourselves down by the roadside to rest a while; but we dared not lay there for any length of time for fear that the dark of night would be upon us. We had no idea in, which direction our lodgings were. While we lay there a lady came driving past in a small, dainty Surrey cart — and said she regretted that there was not enough room for us when she saw we were tired. Her kind words gave us strength — and homeward bound we went. The tiredness was gone, and the mood had risen by these friendly, sympathetic words she let fall.

We had been in St. Louis for four weeks and were practically stripped of all our paraphernalia — without seeing any prospect of receiving work. God only knows how many stores we had presented ourselves to for work — we had in the whole tried everywhere that we thought there was even the tiniest chance. We certainly were not on the lazy side — but both footwear and strength began to be worn out. Over the Mississippi River there was a bridge to the other part of town. To make use of the bridge one had to pay a toll of 1¢, and this cent we reluctantly sacrificed as 1¢ was of significance to us, but we were forced to yield if we were to seek work. We tried many different tricks to sneak ourselves over, but the control was too meticulous. On occasions we would stand on the bridge, looking down into the running, shining water, and I know that at times I was tempted to throw myself over and put an end to the battle.

After twenty-seven years I returned to St. Louis, but then as a guest of the business community with accommodation in the town's finest hotel. I had a Planter's Hotel suite with two corner rooms and a bath at my disposal. After my lecture on Norway as a tourist destination, with colorful lantern slides, which were given flattering acclaim, lunch was served. There were about 450 business people in attendance. The council sat on a podium with the president, who had me as a guest at the table. I then told him, after he had held a speech about my lecture, of my experiences in his town and the bridge — whereto he answered rather coldly: *such is life in the west* — as if my experiences were only child's play.

Eventually we had to write to a friend of ours in St. Paul who was an agent for railway tickets. We asked if either he could send us money or tickets up to St. Paul. He sent tickets, and so we carried our suitcases, which contained dirty linen that the pawn man did not want, the long way to the station until our knuckles were quite bloody from the handle.

So we headed up north. It was a three-day trip without any other food than a loaf of French bread now and then and a few grapes we could grab from the big pile of baskets that stood at many of the stations. More dead than alive we arrived at the boarding house in St. Paul where we had lived during spring when we had come down from Dakota. We arrived there in the afternoon right between the regular meals; but the hostess was to supply us most hastily with food — this we begged for. On the table in the dining room there was a dish with the year's first apples — some green unripe apples — but the woman had barely left for the kitchen before we threw ourselves over them and swallowed them in big gulps. That we did not become sick is a wonder.

At the evening meal, which was served a couple of hours after our first meal, we also had a monstrous appetite. There was so much to catch up on. At the table we made acquaintance with our fellow lodgers, who were all from Nordic descent. All four Nordic countries were represented by men from different professions, from engineers and policemen to sawmill and road workers. And we had probably arrived just at the right time, as the Norwegian engineer just then needed two men for an enterprise he was to embark on for a railway company. It involved boundary surveying between the two towns of St. Paul and Minneapolis. Our work was to be rewarded with two and a half dollars per day without board, and consisted of digging some holes that were about three feet deep, wherein there were to be put iron pillars to mark the boundary. It was a very heavy and unfamiliar work to begin with, but practice makes one masterful and it was not long before it went as if it was child's play, especially when also the intense summer heat that we were accustomed to was exchanged with relatively cool weather. It was a lovely outdoor work, and I thought it was refreshingly splendid out there on the big, wide plains, which lay there completely

On railway section surveying. Relaxing on the prairie.
— På jernbaneutstikning. Rast på prærien.
[circa 1886] Image scanned from Wilse's 1936 book.

unobtrusive and undisturbed far out in the countryside at that time. Now there are huge buildings and wide roads out there, so that city boundaries border one another.

The best thing I remember is how wonderful our lunch tasted when we lit the fire, warmed the coffee and toasted the thick slices of wheaten bread over the fire, and spreading them frugally with butter. As we were working our way from St. Paul, the distance to our lodgings became longer and longer, and as there were no local trains or cable cars, we made use of jumping onto the goods trains, of, which there were considerably more of than passenger trains. We normally jumped on whilst the train was under way and attained a great skill in this. But even so, the train's speed one day was too great. I had grabbed hold of a handle, but could not heave myself forward to get the carriage step under my feet as the speed was of a hindrance. But I held on tight in the hope that the engine driver would see me and slow down — but no! So finally I had to let go with the result that the bearing housing of the wheel axel caught one of my legs, and thereby I was thrown forward onto the ground. As you can imagine, I certainly looked handsome after this incident. However, fortunately I escaped without any broken bones.

After a couple of week's work digging, I was put to work as a chainman and also as the carrier for the leveling rod. But when the frost set into the ground in October, the work was suspended, and I was without employment.

Before it went this far, my friend had been given a job as a store clerk out in Dakota, where he later, with the help of money from home, worked himself up to become the proprietor of a large agricultural business. Forty-three years later we met each other again, when he and his family returned home and settled at Ljan [outside of Oslo].

My first group photo, taken in Minneapolis [Minnesota].
Mitt første gruppebillede.Tatt i Minneapolis.
[1886] Image scanned from Wilse's 1936 book.

Luckily I soon found work at a railway office with tracing and other office work. And thereby I came into the profession that was to be my livelihood for thirteen years.

We were to build a railroad from Minneapolis through the states of Minnesota and Michigan to the border of Canada. Our headquarters was in Minneapolis, and thus I came to the city where I had an aunt, who was sister to Mrs. Janson, Pastor Kristofer Janson's wife, in whose house I became a constant guest. At Janson's there lived at that time a Knut Hamsun [Knut Hamsun was a Norwegian author, who was awarded the Nobel Prize in Literature in 1920], who apparently was to study under Janson. Janson had built a church here and had a somewhat large congregation. He was beloved by all who came into contact with him.

Towards spring I was ordered to take part in a pegging of the line through a dreadful forest district in Minnesota. The forest floor was mostly swamp overgrown with larch and maple trees. We had to do the pegging whilst the ground was still frozen for any chance at all to be able to get through. But the spring weather came expectantly upon us anyway, so the swamps began to thaw, so that we had to jump from clump to clump. If we fell down between them, we were wet through and through when we came up again. When we drove home to the camp the clothes froze to ice, and when we had pulled the overalls off, they stood up by themselves. All this damp had much effect on our feet, and I do not think that it was free from contagion either. Our feet were swollen, so that there was always one or more who had to take a rest from work.

At this time in these great forests there was a lot of trade in the tapping of maple sap. The manner in, which it was done was that a hole was bored through the bark and a hollowed out stick was inserted so that the sap could be drained into a bucket, which stood at the foot of the tree. The sap was collected and boiled in large open pots to a syrup or sugar, which in color reminded me of boiled sugar. We tried to drink the sap, but we did not find it very desirable. The syrup (maple syrup) on the other hand is regarded as the finest syrup produced. The farmers had themselves a rather nice income by this tapping, and now there are planted whole Maple tree forests for this purpose.

One evening, wet and tired, I came home to the little hotel— this country town's only, out there in the big, dark forest — I was handed a telegram. It contained only the few words: *Mother died today* [2 April 1886]. — *Father.* This was the second time I shed tears in America. But it was also the last; for life over there in the eternal struggle one learned not to be soft.

When the pegging was complete in early summer I was once more back in the office, processing drawings for the big machine workshops and [locomotive] roundhouses. Whilst I was here I bought my first photographic apparatus, mainly for taking photographs of the drawings, which would be more practical to take to work when they were reduced in size. I did not dream at that time that this would lead to me procuring my livelihood later. My attempts to use this 5 inch by 8 inch photographic apparatus — a heavy wooden box with clumsy supports, when I now think back upon it — was done in the office on Sundays. My co-workers had to stand or sit as subjects. After a number of trials I dared to photograph groups and buildings. All the residents of the boarding house had to endure being positioned outside the house, and I really took a group [photograph] so good that I could not do better today. The copy I have at home has kept itself in exceptional condition these forty-eight years.

An equally good group I took at Kristofer Janson's, with Knut Hamsun in it, is unfortunately lost.

When it led towards spring, I was to go out plotting again. This time it was for a line from Minneapolis and northwards towards the prairie. When we began the work, there was still so much snow that we had to use Canadian snowshoes. There were several barbed wire fences that we had to climb over, so it was not an easy task to use these snowshoes. Even on flat ground I thought they were troublesome, as one had to spread ones legs so as to not tread on ones heels. One also became sore and tender in ones thighs, similar as to after having ridden for the first time.

It was undeniably a bit early in the year to begin such outdoor work in February, and we suffered a little from the cold during the day and no less in our tents at night. But the work had to begin this early, as we had to reach the Minnesota River [a tributary of the Mississippi River] latest in April to avoid the water shortage later in the spring and early summer.

As time went on, the prairie appeared — greyish brown, with a splotch of snow here and there and filled ponds and small lakes. All of this would have disappeared in a couple of months' time, partly due to evaporation and partly down into the earth as it thawed. And as this water was highly alkaline, a thick layer of white salt was left when the water had disappeared.

It depended therefore on us to work intensely to reach the Minnesota River and back before the water was gone. On the way back most of the ponds and small lakes would in any case still be so condensed from evaporation that the water was positively viscous. And its effect on stomach and hair was devastating. Hair fell out as it does when one tans a hide. And as an American washes himself diligently before going to a meal, and also has the habit of wetting ones hair to get the right *style* in it, we forgot the type of water we were dealing with, with the result that our hand was full of hair when we ran our fingers through it.

It was interesting to travel out there — far, far beyond there where the boldest pioneer had settled. In many places the grass was standing tall, or it was pressed down in thick layers where the snow had drifted. The days had now become mild with a little wind, so it was an utmost ideal weather. The earth was covered with all the variations of spring flowers, most with bright colors. The animals had also begun to stir, the large flocks of thousands of ducks and geese were on their way north bound. In the evening when they settled on the ponds of the prairie there was an ear deafening quacking. Fearful they were not — out here they were used to that nothing would do them harm.

Even at this time there were some places where the prairie looked as if it was covered in snow, that is, there where thousands of bison (buffalo) were murdered in the years around 1864, during the Civil War, for the use of the army. During this time the state made a contract with a number of individuals (for example, Buffalo Bill) to provide meat for the army. And it was then that the American bison had to suffer. To begin with it was only shot for the meat, but when there became an overproduction of meat and one realized that the fur could be used for winter coats for the army; it was later shot solely for the fur, and the carcass was left there to rot until there were only bleached bones left. One did a roundup of the animals and herded them together in big hordes, thereafter the slaughter began. Therefore we found in most places huge mounds of skeletons, whilst single remains were rare. Naturally it depended on herding as many animals as possible to the one location until the wagons arrived to load the hides. Twenty years later the first settlers arrived out there — they too were driving wagons. They collected the remains of these fallen monarchs from the animal kingdom and drove them to the nearest railway station, maybe sixty to seventy miles away. From there they were sent to the bone mills. And with the sale of these bones the settlers provided themselves with their first earnings.

The animal life was quite prolific out here. Amongst these was a small burrowing rat with a size of a squirrel and with rather beautiful markings in the coat. It was called a gopher. It had its habitat deep down in the earth — with two entrances. The animals were very curious, but when we neared them they slipped like lightning down into their burrow. But if we just waited a few seconds, they ducked up from the next hole. When we had learned their tactic, it was easy to capture them by making a running snare over the hole they would come up. If it took a little longer than we had calculated, we just emptied a bucket of water down the hole it had ducked down — and the result did not fail. We captured quite a few of them and sent them over to the happy hunting grounds. They are in fact a big pest for the farmer as they eat up the plant roots.

Another burrower we often met out there was the prairie dog, which is as big as a small rabbit. It digs big burrows and throws out mounds of several feet in height of the earth it digs out from these burrows. These mounds it uses as watchtowers. It has a sort of growling sound, and this is probably the reason for having been given its name, as it has no likeness to dogs. It looks more like a beaver. If one is driving on the prairie where colonies of prairie dogs inhabit, one must drive with much care to avoid broken horse legs.

In the evening when the red from the dusk painted the whole prairie, it looked as if it was on fire — as we see it now and then on *Hardangervidda* [mountain plateau in central southern Norway] — the prairie wolf (coyote) began its lamentation. The coyote is an animal that looks more like a medium-sized fox than a wolf. It is very timid, and it was very seldom we came upon any of them. God knows where they were during the day, for it is very difficult to hide on the flat prairie.

Bison we did not see. It was as said eradicated during the Civil War, and is now found only in small herds in the mountains around Yellowstone Park. Here out on the prairie, which was originally its large playground, there are none left. The same is the case of the

Bridge surveying party by the Minnesota River — Fra broarbeidet ved Minnesota-elven.
[circa 1886] Image scanned from Wilse's 1936 book.

antelope and deer, so there was not much meat resources left for the new settlers to supply themselves from.

Poisonous animals or poisonous snakes I never saw any of. There was one snake, which through a drawing looked like a *huggorm* [Vipera berus — also known as a black adder in Great Britain]. It was called a *bullsnake* and was thicker than other snakes of the same length and had a sharp taper towards the tail. It was harmless, but gave a sinister impression because of its thickness. In many of the lakes there was a small turtle that had beautiful markings on its underneath. Though it was early in the year, the mosquito was already about, whilst the grasshoppers were still in hibernation.

As there was big competition between the different railway companies to seize this uninhabited territory for future railway construction, it depended on there being the least amount of publicity that we were pegging. We initiated it in Minnesota, but it was suddenly cancelled and we were loaded on a railway wagon and driven out over the Dakota Prairie without knowing where it was leading to. We underlings went often with sealed orders.

The Northern Pacific Railway had been opened from St. Paul to Tacoma in the state of Washington on the Pacific Ocean coast a few years earlier, and this gave the grounds for other railway companies to also want to go out there, but with their line somewhat further south. It therefore depended on us speeding up and getting our wooden pegs into the ground, thereby getting the first option to this territory. I think our company ran a speculation, for it actually never built the railway itself, but another company took over our surveyed lines.

As it led towards the end of April we stood by the Missouri River, which in itself was rather wide all the way up here. And it was with mixed feelings that I saw the Missouri River again, after the acquaintance I had with it further south near St. Louis, where it flowed into the Mississippi (*Great River*) [Ojibwe word *misi-ziibi*, meaning *Great River*]. Here it [possibly the Yellowstone River tributary] was still wide and leisurely, there where it flowed down across the border between the states of Montana and North Dakota, as it likewise formed the western boundary of the long flat prairie.

So it was back again in long stages. And one Saturday evening we made camp near some settlers' earthen huts. They belonged to a colony of Russians from the Odessa district who had here built their homes and church of turf. The walls of the huts were about one meter thick and had a small window and a door so low that people had to stoop to come inside through it. From the living room there was a door to the room that held the animals, and from here a door in the opposite end of the building. The small window gave a dim light. The animals were already out to pasture — aye, in fact it often happens that they are out all winter, and then they suffer terribly in extreme cold.

We made camp just by one of the houses, mainly to have good water to wash ourselves with and to drink. A well of one sort or another is actually one of the first things the settlers on the prairie need to think of. As the following day was Sunday and our race to the river was over, we took a rest and used the opportunity to adorn ourselves, that is to say, wash ourselves and our clothing. And when this was done, it was out with the photographic apparatus to capture these houses and their occupants.

In the yard in front of one of these houses there was a four wheeled wagon of the sort (lumber wagon) that each and every settler had to obtain when they wanted to go out on the prairie. It is drawn either by oxen or by horses. To kill three birds with one arrow: the house, the wagon and the family, I put the family up into the wagon.

As I was focusing, the head of the family in which there also was a fifteen year old girl, asked if he could have permission to look into the photographic apparatus to see how it looked. Now most people probably know that what one focuses on shows itself on the glass plate as standing on its head. This, the farmer expressed his astonishment over in Russian, and the daughter must have heard it. Because she grabbed her skirt and immediately jumped off. She simply would not let herself be viewed when she was standing on her head!

This colony of Russians had settled far from the nearest settlers and had about seventy English miles, as the crow flies, to the nearest railway station over the brown-grey sea of the prairie. Apart from what the earth yielded in the first harvest, they secured a handsome income from the bison skeletons.

After a few days respite it was back to the civilization at the outermost station, where there was a small collection of houses. There was a pharmacy, a grocery, a blacksmith shop, a café or a type of hotel and two saloons; and this despite the fact that North Dakota was a dry state where all alcoholic beverages were forbidden.

As soon as we had made camp and settled in, six of us went to make a visit at one of the saloons. After having spent two months on the flat prairie, we felt like sailors having come ashore. The saloon's doors stood wide open, and the premises were partly filled with cowboys drinking their whisky. We sauntered over to the counter and demanded six Kentucky-whiskeys. The bartender stood there quite calmly as if he had not heard our request, and when a repeat did not help either, I suggested to the boys that we should go to the next saloon. — But competition is the conqueror of all. For when we had walked as far as to the door, the bartender came after and grabbed me by the shoulder and said: *Listen friend, if you want Kentucky-whisky, then order buffalo blood, or if you want to have Canadian whisky, then order deer's blood.* So we stood at the bar and admired the phenomenal skill

Our primitive walking bridge over the marshes near the Minnesota River.
— Vår primitive veibro over myrene ved Minnesota-elven.
[circa 1886] Image scanned from Wilse's 1936 book.

these bartenders had to slide the bottles down the counter so as not tip over, but sailed along and stops in front of the one who it was meant for.

Afterwards we wandered out to inspect this great city, whose inhabitants could revolve around one hundred souls. We also came past the pharmacy, and here we saw bibles in different sizes on display in the window. We thought that this was rather peculiar, we became curious, and I walked in to ask for the price. The answer was that it depended on what sort of liquor I wanted it filled with. The bible itself with a screw top at the upper edge was calculated at fifty cents to one dollar.

Out on the prairie we now and then met some Sioux Indians who were out hunting. I made use of the opportunity to barter for some little things like moccasins, pipes, arrowheads and other bits and pieces, thereby laying the foundation for a small Indian collection.

When we came back to Minneapolis, I was transferred to a small town by the name of Watertown to manage the office there during the laying of a railway line to Huron in South Dakota. Stations were planned, and in conjunction to these there were towns to be planned. I made a contract with a construction company that was in an alliance with the railway, to make drawings for them. I had to execute these during my leisure time in the evening and continued until well into the night, but I was earning good money at work. It depended on making the design as delightful as possible and to furnish it with color, and around the name of the place I located a spectacular futuristic drawing with shady trees and beautiful streets. This I had a German artist do for me for a certain sum per piece, whereupon I thrilled myself splendidly over these paintings.

When it was approaching winter and the ground froze, the work was suspended and we changed over to mark out the railway southwards to Sioux Falls in the lower end of South Dakota. The town was by the Missouri River and had the state of Nebraska just opposite on the other side of the river. It had about 3,000 inhabitants and was growing briskly. I was offered the position of state engineer here, but declined, as I thought it was far too risky to come to grips with.

In the middle of December we began to work ourselves northwards from Sioux Falls. When we were out on the prairie we normally had eleven men in the party, whilst we were thirteen or fifteen men where the work took place in forested stretches. Then there were normally three to four men who solely had the task of felling trees. We were to sleep in tents, and these were to be warmed by a metal stove that was shaped like a sugar loaf [in those days refined sugar came in the shape of a witch's hat (cone) — as sugar it weighed between 5 and 15 kilos per loaf] and had an open bottom and a pipe at the sharp end. Down near the bottom there was a relatively large door through where it could be stoked up with firewood, cow cakes and straw. These ovens were called *Shibly* ovens and heated quickly and were light in weight; but they did not hold the heat for long, as the iron was so thin. Nor could one burn coal or coke in them as they were without a grate. Our tents this time was also like the tents used during the surveys I had earlier been on, tents with space for four to lie alongside with room to clothe oneself at the door opening, where I had my drawing table.

When we made camp, we filled the bottom where we were to lay with a thick layer of straw, and on top of this we lay a thick canvas tarpaulin. In forested areas we used first to place a layer of spruce branches with the bowed side up and interweaved so as to make a type of spring mattress. On top of this we placed a layer of finer branches, and as one lay down one sank as if in eider down. But it was even better in that at the same time we had the fresh scent of balsam and resin. At the foot end there was a board or a log to hold the spruce, straw and bedding in place, as well as providing a place to sit whilst clothing oneself.

The weather at this time was so forbidding and bitterly cold that I could not work with the drawings in the tent, but had to turn to the farms for a workroom.

Then one day — aye, it was in fact Christmas Eve — when it blew up into a regular blizzard, one of these dreadful snowstorms that come in winter. They are a counterpart to what one has in the summer, when there is rain and hail with a wind that is the decisive factor. Later in the spring we came out for such a one. Then whole communities were swept away, and even railway bridges were twisted around and lifted off their foundations. We were working out on the prairie when we saw clouds as dark as black ink coming towards us. Luckily we had the wagon and two horses nearby, as they had then arrived to drive us back to the camp. In all haste we threw ourselves into the wagon and drove at break neck speed away from the storm's course, such that we only felt the outer reaches of it. It began to hail — not hail as large as peas — but with a size of walnuts, and had we not had the horse coverings to hold over us on stakes, we probably would have had our heads flattened. The horses looked rather worse for wear; there were large lumps in their flesh.

But back to Christmas Eve! We had our camp near a rather large farm, that is to say large for being in such a new country. And when the chill became too intense, we moved into the house where we were quartered up in the loft. Here we lay on beds made up on the floor. The storm broke out in the morning, and came, as they nearly always do, as if dropped from a sack. Luckily we had not left yet, but were in the throes of boarding the sleds when the storm was upon us. As quickly as possible we had to put the horses in the stable and ensure a water supply both there and in the house. These people knew through actual experience that such a storm could last for days on end. To be able to find our way to the stable and to the house, with our heart in our mouths, we had to fasten our measuring chains with the one end in the house and the other in their respective places. When we were in need of going outside, we had to clothe us well — winter beanie down over the ears, scarf around the neck and a winter coat — and then put the measuring chain under the arm and tread our way through the driving snow. And even with all these clothes on, we could get snow up under the armpits and our ears and nose packed full. The snow was actually as fine as the finest flour, and if one was not careful, one could risk having ones nostrils and earholes packed so quickly and hard that one had the prospect of a shocking death from asphyxiation.

As we sat and enjoyed ourselves downstairs with the farmer and his family and celebrated Christmas Eve while the storm was howling and now and then threatening to take the whole house with it, we could smell something burning. As we came out into the small passageway that was closed off by a door at the steps that led upstairs, there filtered out a thick cloud of smoke down from the loft, where we had our beds. By opening the door we were assured that there was indeed a fire on the loose. Only a single blanket was yet aglow, but not many inches away there lay newspapers and other easily combustible material. In the house there was only one bucket of water, but with practical use of it we had the fire out just at the critical moment. One of the boys had forgotten to put out the candle, it was this that was the cause; and we thought with horror at what would have happened if we had arrived five minutes later.

Rightly enough, the storm, which lasted for two days, calmed just as quickly as it had begun. And when we awoke on the third day the sun shone and all was quiet and peaceful.

Not much snow had fallen, but it had blown together in deep drifts. They were as hard as ice so that we could drive with a span of two horses over them when we were going to work. It was a sad sight that met us in many places. Heads and legs of frozen animals stuck up out of the snow. Just in our immediate vicinity were hundreds of cattle frozen to death, and several children had passed away on their way to school. — Later in the day a man came, crawling more than walking, to the farm. The bad weather had overcome him, but he had found his way to one of these huge haystacks that the farmers have outside. Most do not have room for their harvest; aye, many do not even have housing enough for the cattle. Therefore there are also many cattle that freeze to death. This man had dug himself into the haystack as far as he was able, but his legs did not come in far enough with the result that they were frostbitten. He had a hunting dog with him, and he said that if he had not had him inside with him, he would probably have frozen to death.

After the storm our emergency housing was one big mass of snow. The entrance to the barn was also completely buried, so it was hard work to get in to the animals, which had now stood without food and water for nearly two days. Our chain arrangement had actually soon torn free, which made it impossible to find our way to the barn; it had not been possible to see a foot in front of one.

Soon spring arrived with all its hope and all its delight in both nature and the human spirit, and winter's hardships soon slipped out of the conscious mind.

Home to Norway
Departure with *Geysir* — Collision and sinking at Sable Island — Back to New York and homeward bound again

At midsummer we were finished with our work and were paid off in Minneapolis. And as times were a little difficult in my line of work, I decided that I might just as well spend the coming winter in Norway, and then come back again during the spring. I bought a ticket to Kristiania [Oslo], and was to travel on one of the Thingvalla Line ships from New York. With my suitcase packed and my collection of souvenirs — my Indian effects and more, aye, indeed all my belongings except for the photographic apparatus, I boarded the *Geysir*, which was laid to in Hoboken. And on a peaceful, still August night we slipped out with about 110 passengers on board. As they all were people who were well traveled in the world and as such were used to meeting strangers, we soon became as one family.

The first day went by, and then we had a lovely evening with a dead calm sea and a magnificent sunset, as many whales frolicked in the nearness of the ship. There was dancing on the deck to the sound of an accordion and everything was just in a state of peace, happiness and delight — both for the now and with the thought of where we were headed. There were no less than four skippers who were going home on leave, as well as lady teachers, business people and farmers. As the night wore on, one and all gradually went to their bunk, glad of having had a lovely, peaceful evening. But sadly, most would never more be able to take part in adoring life.

In the grey morning light, about four o'clock in the morning [14 August 1888], we suddenly felt a strange muffled jolt, as if we had bumped into something solid, which then yielded. And through the passageways there was a cry of — *All hands on deck!* — *All hands on deck!* As I had an inkling that something serious was afoot, I put only my trousers on and threw my vest and jacket over my arm. Nor did I give myself any time to put my boots on. Then I flew topsides.

The weather was calm and the visibility was good, and not far from us there lay a steamship. It was the old *Thingvalla!* — I had come up a little aft from amidships, and I realized that something dreadful must have happened, for the ship's rail was broken and water was pouring in over the deck. Now, the *Geysir* was heavily laden; it lay perhaps no more than three to four feet above the water line, so there was not much sea needed before it washed over the deck. But with the calm sea we now had, it would not do so unless there were other causes. I went aft and came to just where the collision had occurred. At the same time I trod on some iron splinters that slashed my foot. It was a wonder that I did not fall headlong down into the twelve-foot long gash where the *Thingvalla's* bow had cut into the hull.

Shortly afterwards, I was thrown onto the deck by the increasing sea, and to get back on my feet I had to relinquish my jacket and vest, which held my entire earthly mammon. To search for them later would be futile.

When I saw that there were some who worked with a boat up on the superstructure over the engine, I climbed up there to help free it and put it into the water. The first thing to do was to get the tarpaulin off, which had been tied with great finesse over the boat. Fortunately I had a rather large folding knife in my pocket, so I was able to cut off the ropes on the canvas. Then, when we had the inside of the boat in sight, the boat showed itself to be filled with all matter of things, from buckets to bits of wooden boards to ropes and lifebelts. After it was emptied, we tried to lift the boat clear of the wooden blocks it was resting on.

We were four men strong to haul the boat up — including two skippers and one of the seamen; but it was of little use as the boat and the wooden blocks had been painted together so firm that they may as well have been nailed together. There was nothing more to do than to cut the ropes on the block and tackle; for then the boat would probably be torn loose and float to the top in the case of the *Geysir* going under. Hurriedly I put on one of the lifebelts, which were made of cork portions covered in canvas. Between each cork portion there was only the canvas itself, and it was so rotten that I could push my hand through it. I had just finished cutting the last of the block and tackle ropes and folded the knife away when the *Geysir* foundered — stern first. I had just time enough to throw myself into the boat and take hold of the ribs in the bottom. And then it went down into the enormous abyss, which appeared where the ship had disappeared.

There was a rumble and a crash, as if one was standing under a roaring waterfall — and with my eyes open I saw that the light was diminishing, simultaneously as the banging and the madness in the water came to an end. Then I deemed that it was time to surface. With the help of the buoyancy of the cork belt it went fast, even so I nearly opened my mouth twice. You see, I had some water forced in through my nostrils when I was going downwards. But, encouraged by the fact that the light was increasing quickly, I held out, and surfaced at the exact moment of not being able to hold my mouth closed any longer. To my good fortune there was another lifebelt floating where I had surfaced; I had only to put my arm out, then I had two lifebelts to hold me up. I lay there for a while with my mouth turned into the wind to richly fill my lungs with air. Then I discovered a wooden plank floating not far off and I began to swim toward it, and when I then noticed the third mate struggling to keep himself afloat — he was fully dressed in his officer's uniform — I swam over to him, and then we were able to float and relax, and observe and perceive what was happening around us.

There was much screaming and wailing, and we saw many a head pop up, to then go down and never appear again. But that, which was for us two, who could think calmly, the most frightening to see was the *Thingvalla* leaving us behind. To what advantage had it been to fight to save our lives when we in any case, in a time not far off, would have to give up because of the icy cold water? — You see, the foundering had happened out from Sable Island in the Grand Banks of Newfoundland, there where the icebergs melt.

The *Thingvalla* had removed itself for the sake of safety — even if further than the legal required distance — so as not, for those in the sea, to come into contact with the propeller.

The Geyser leaving New York on her final journey. — «Geysir» forlater New York på sin siste reise. [1888] Tilvekstnummer: NF.WB 42109 & Internnr: NBR9205:09059 [NFM]

Thingvalla after the collision with Geysir photographed from the German emigrant ship — «Thingvalla» efter sammenstøtet med «Geysir» fot. fra det tyske emigrantskib. [1888] Tilvekstnummer: NF.WB 42110 & Internnr: NBR9205:09060 [NFM]

Only after about one hour following the foundering, it came to gather up the survivors. In the boat that I was picked up in, a woman had been picked up earlier — the only woman to be rescued — but who lost her two children. When I was picked up, I rolled around in the bottom of the boat like a wet jellyfish. I was utterly exhausted, partly because of the loss of blood from my wound in the leg and partly because of the lengthy time in the cold water. When I after a while had gathered my senses and raised myself to look around, I found myself face to face with this woman. It was a horrible sight. A chalky-white face with two blank, staring eyes and the hair hanging down in tangles. She had lost her reason — something that was not so surprising.

On the boat I had helped to cut loose, and, which had been my deliverance downwards into the deep, there now sat twelve people — whereof one was the captain — secure and safe on the overturned bottom of the boat. And when all had been brought in by the boats, there were only 31 left of the *Geysir's* 149 passengers and crew.

When we neared the *Thingvalla*, we saw the damage it had received. The whole bow, from eight feet below the deck was as if cut out to a depth of twelve feet. The cut stopped two inches [5.08 cm] in front of the watertight bulkhead.

Then we were hoisted on board, where there from before already were 350 passengers. As my leg was bleeding profusely, I was admitted to the hospital, which was forward of the hatch that led down into the hold where they were working feverishly to shore up the bulkhead that would determine if also the *Thingvalla* would sink to the bottom or not. It was certainly not pleasant to hear the captain's commands — of as quickly as possible to bring a pole here and a post there to prevent the sea from breaking in. I lay there so weak that if we were going down I would not have the strength to even get out of the bunk. And I was laying there in a cold sweat.

But luckily it went well. The sea was calm, and with good dressing and good nursing, I soon came to my wits again. And then when a German emigrant ship — *Friesland* — came into view in the afternoon, our hopes and humor escalated. — Through negotiating it was arranged so that both *Thingvalla's* and *Geysir's* passengers were to be transferred to this ship, which was on its way to New York. And when dusk fell, we were all located on an overcrowded boat, whose passengers were mainly Polish Jews with a mass of children.

So it was back to New York — divested of everything except for underclothing and one pair of pants wherein 60 cents was found. For outer clothing the captain had lent me a jacket, which was so big that there was room for one more in it. In addition I was given by a stoker a machinist's cap, which was so greasy that when I by chance came to put my hand on it, it became stuck fast. From one of the Danish emigrants I received a scarf. They all gave — not from their abundance — but for the need to do a good turn for ones fellow man. And I extend to all these men — an eternal thanks.

Fortunately we had fine weather back to New York, even though we froze during the night, as we had to reside up on deck. But we took turns to stand over the stokehold to thaw out. By switching between the cold air on deck and the warm draft from the stokehold passage, I brought upon myself such a cold that I lost my voice. During the day we had glorious sunshine, and then children and mothers amassed up on deck to delouse one another. They sat there and searched for lice just like apes, the only difference being that they crushed them instead of eating them.

Of food we received little or nothing. As a matter of fact, we had no cups or plates to collect food in — so we did not receive any! It was utterly wretched — aye, even scandalous treatment that we received, even if there was no place to lie, then the appropriate person concerned should see to it that we received food. In the three days I was on board,

I — shall we say — *stole* three cups of soup and some crumbs of dry bread.

So here I was in New York once more. As I thought that I would have the law on my side during a lawsuit, I had to stay there for fourteen days. The outcome was that I and some others, who had filed suit against the company, lost it on the grounds that the whole incident was the fault of the *Geysir*. To this one we could make our claims, it was the guilty party — even though that the *Thingvalla* out in the open sea and in good visibility had run into us. Unfortunately, our first mate, who was on the bridge and had allegedly given a wrong steering order, went to the bottom, so that he and his helmsman could not explain themselves.

When this was over and done with, I headed for Norway again with borrowed money. But the passage was not enjoyable. When the foghorn sounded, I was as a rule on deck — ready to act if something should eventuate — and many years passed before I once again felt safe aboard a boat.

After I had come home to Norway, I found the following poem with the tragedy as the subject in a Norwegian newspaper:

«GEYSIR» OG «THINGVALLA»

Der gaar gjennem verden en klage saa stor
Blandt slektninger fjernt og fra far og mor
Ja fra søster og bror som mistet hvad de hadde kjær.
Hvo kan vel beskrive den jammer og smerte,
Hvo kan vel husvale det blødende hjerte,
Hvo kan vel erstatte de kjære for dem
Som nu med lengsel var ventende hjem.

Med dampskibet «Geysir» de seilede hjem
Fra vesten det mektige land.
Med lengsel i hjertet de stevnede frem
Mod hjemmets dets elskede strand.
Saa frydefuldt de tenkte paa gjensynets glæder
De fremmaned for sig de hjemlige steder.
Nu snart skal de møde de kjære fra før
Et gjensyn med dem forinden de dør.

De seiled i dage de seiled i tre
Henover et vildsomt ørke.
Av baaer og skjær var der intet at se
Men himlen var skyfuld og mørke.
Saa gik de til hvile om aftenen stille
Og tenkte nok ikke paa noget saa ille
At skrek skal dem jage av køiene brat
O grufulde skjæbne, o skreklige nat.

Paa kommandobroen har styrmanden vagt
Om natten da klokken slaar tre.
Kapteinen han varsled de nøie gi'r agt
Om de nogen seiler faar se.
Raketter og fløiter de ikke maa spare

Thi her er mørkt, her kan let være fare.
Mens «Geysir» saa let over bølgene gik
Et grundstød i siden det av «Thingvalla» fik.

"GEYSIR" AND "THINGVALLA"

There goes throughout all lands a complaint so great
Among distant kin and from kin so near
Aye, from sister and brother who lost what they held dear.
Who can indeed describe the sorrow and pain,
Who can indeed solace the bleeding heart,
Who can indeed replace those held dear
To those now with yearning who are waiting at home.

With the steamship "Geysir" they fared towards home
From the west — the mighty land.
With longing in their heart they rallied forth
Towards their home's beloved shores.
With such joy they thought of reunion's delights
They recalled in their mind their places of early life.
Now soon they shall meet their dear from before
A reunion with them before they should die.

They sailed for a day they sailed for three
Across the barren sea.
Of reefs and skerries there were none to see
Though the sky was clouded and dark.
They then went to rest during the afternoon quiet
And had no thought of anything with fright
Of screams, which will rush them out of their bunks abrupt
Oh ghastly fate, oh frightful night.

On the bridge the first mate stands watch
In the night when the clock strikes three.
The captain he ordered that they with diligence to stay alert
In case any sail they should see.
Flares and whistles they were not to spare
As here it is dark, and here with ease there can be threat.
Whilst "Geysir" with ease sailed over the seas
A death blow in the side from the "Thingvalla" it suffered.

To America again
In the service of St. Anthony Waterpower & Co — Building bridges and wildlife

Having winter at home was a wonderful time, but the wanderlust was in my blood. And then when the railway here at home did not have use for people who had learned the practical work over in America, there was nothing else to do but spread one's wings like a bird of passage and fly towards a state of affairs that was brighter and better. One day in March [1889], I therefore embarked on the old *Montebello*, destined for Hull [England].

On the journey from Kristiania [Oslo] to Hull I journeyed second class, as I had a little angst about emigrant class over the North Sea. But aboard the big Atlantic Ocean liners from Liverpool [England] to New York I thought it was much better or at least as good as second class over the North Sea. I traveled on a new boat, the *Umbria*, which was supposed to be a fast flyer, and this it was as well. But to achieve this, the boat was built so light that there came into being such a vibration, so that we who lay in the stern of the ship actually lay in a constant torsion. But man is a creature of habit and as such we became accustomed to this and slept well — except when the whistle blew.

From experience from my previous stay in America I knew how cumbersome it was to go anywhere with Canadian snowshoes, and I had therefore decided that when I went over again, I would have skis with me. I had therefore procured for myself the best that were to be found at home. The transport of these I had certainly not counted on being so difficult, otherwise I would have let it be. On the boat to Hull it went relatively without any annoyance, but way from the boat up to the train, which went to Liverpool, it was a right commotion to be able to see these strange bits of boards I carried on my shoulder, and this repeated itself also in Liverpool. On the train I had to put them under the bench, and they just barely fitted. Sure enough, on the long journey through New York and on the train out to Minneapolis I regretted what I had taken with me, however I arrived with them in Minneapolis wholly intact. Still, it was not the ski season when I arrived, and I had to store my skis in the outhouse of an acquaintance. But when winter arrived and I was to show off on my fine skis, they had done a disappearing act, and all my expenses and toil had been in vain. That these, my skis, were a rareness I am certain of, and maybe they were the first pair of genuine Norwegian skis in the West.

I had not been back again in Minneapolis for many days before I was working for St. Anthony Waterpower Co., which owned the water rights on the southern shore of the Mississippi. Here there was a waterfall, and the water from this was directed through channels to the turbines of the large Washburn flour mills. These were mills of six stories and were at that time regarded as the world's largest. The drainage canal was to be lowered, and thereby all the other canals into the mills had also to be lowered. This work had to be done without shutting down the turbines, which operated both day and night. It was a very interesting work; we had to hasten to have it finished before the floodwaters set in. And I especially remember a very unexpected and critical part of the work. We were working on lowering the foundation on the corner of the big mill building after we had dug and blasted ourselves down in a relatively soft variety of stone — yellow sandstone. We had the large masonry blocks lying by the hole and cranes and cement and sand ready for Monday morning to begin laying the foundations. This was Saturday and work was finished at one o'clock. Just after, I took an inspection tour to see that everything was in order. When I arrived at the corner, I discovered to my horror that water was bubbling up in the bottom of the excavation. It was an underground spring and the water was bringing sand with it. It was likely quicksand down below. When the workers had left the hole it was perfectly dry, whilst the spring a half hour later had worked itself up and was about to fill it completely. Here it depended on working quickly, and luckily the foreman was still in the office. Posthaste we roped in workers from all directions and had gravel brought and mixed a strong mixture of concrete. Then we lowered the massive foundation stone and tipped in the concrete mixture, ramming it well. If this spring had been allowed to continue until Monday morning, the mill's corner would have inevitably have failed and fallen into the river.

On the whole it was a tremendously interesting and instructive work under the German chief engineer De la Bar — a fine, well-educated and knowledgeable man — who sadly died a couple of years later.

In midsummer the work was finished, and so I went over to the construction of a road bridge over the Minnesota River.

The terrain that lay towards the actual river was marshy, so the construction of the bridge caused us considerable difficulties. Besides fighting with the subsoil, we also had to fight the gruesome mosquito swarms.

To get through we had to use a small boat and pull this from bog hole to bog hole, until I found that it paid to first build a pole bridge. This we did simply by utilizing the alder thicket we had to cut anyway. We sharpened the largest trunks, and with the combined weight of four men we pressed them in as far down as we could get them and nailed on the struts to bind them together. For the top surface we used flat boards. And it was a festive day when the bridge was completed and we could go dry-shod home.

In these marshes there were masses of leeches, water snakes, turtles and ordinary frogs. These last ones we caught with a landing net, took them by their back legs and like cracking a whip, we cracked them sharply away from us. In this manner we attained the delicacy of frog's legs, which I had with me every Saturday when I went on a visit in Minneapolis. There was also a turtle, which could be very ferocious. The size was about one foot. It bit in this manner that it would quickly throw its head with its long neck out of the shell and strike in the same manner as snakes. It was also called a snap turtle because of the snapping when it was about to bite.

Another animal that caused us some trouble was the skunk. This beautiful, good-natured fellow does no harm to anybody, as long as if it is not hunted or frightened. There were many of them along the river. At one time one had come under the steps of the house

Surveying team having lunch in Minnesota's forests.
— Stikningslaget holder lunch i Minnesotas skoger.
[circa 1889] Image scanned from Wilse's 1936 book.

where we lived, and when a tactless dog began digging for it, it sprayed its dreadful stinking perfume. It infected the whole house, and one of the boys had also received some of it on one of his trousers. He had to bury the trousers down into the ground to be rid of the smell.

One evening we were on our way home, which led through a small valley that was virtually the only access from the river. In the middle of the track was a skunk enjoying itself and strolling leisurely along without noticing us coming. To hurry it up was not an option, unless we wanted to risk having a shower. And as we wanted come home to dinner as soon as possible, we damned this small fellow that strolled along unaffected by our profanities and our chatter.

Along the river there grew wild plums and grapes, which during autumn gave us an abundance of delicious fruit. The plums were perfectly round with the most beautiful of colors from yellow to red with smaller darker red speckles. They were beautiful to look at, but a bit sour of taste. However, it was suited for preserving, and so there always stood a jar of preserved plums on the breakfast table, along with thick cream and honey in its wax comb. So in a manner of speaking, we experienced life as it stands in Scripture.

During the work on the bridge itself, I nearly lost my life once. We were excavating for one of the piers by a high sand escarpment. As I was standing with the instruments and focusing them, the workers suddenly cried: "Here it comes! — It was the sand escarpment that was about twenty feet high, which had come loose and was subsiding. The workers and my assistants had become aware of it in time and avoided it, but I had been so busy with the adjustments that before I could blink an eye, I was buried in the falling sand. I did however gather my wits enough so that I lifted my arms to the heavens, and in this way saved myself from being quashed. The workers immediately began to dig me out; but there was naught to see of me before I, with my hands, began to move away as much sand as I could from around me so that they could see where I was buried. When I was dug out, my trousers were a mass of rags attached to the waistband, but I was not hurt in any manner except that the sole of my foot was a bit twisted and a few scratches.

* * * * *

In the spring of 1890, I was assigned to stake out a railway in Wyoming. It was to head towards the Columbia River. The railway line went through a narrow valley with a creek, whose banks were overgrown with underbrush, and wild plum trees with sharp thorns, forming an impenetrable wilderness. The slopes were of basalt stone with steep terraces. The railway line's proposed access followed soon up along the slopes, then sometimes along the creek where we had to cut our way through. Here there was an overabundance of rattlesnakes. When we were climbing up over the slopes we often came to places where they lay and sunned themselves. It also happened that they were hanging in the bushes down in the valley, and therefore we had to proceed with great caution. Some days we killed many — in a single day as many as seven of them. Of other inconveniences there were masses of blowflies and wasps, a species with large jaws. When we lay in our bunks, we could see how they caught other wasps and flies and bit their heads off.

The photographic apparatus I had with me at all times and I used it diligently. In every camp I had a dugout made to use as a darkroom and I put a couple of boxes down in there. When it became dark, I would crawl down, and the boys would throw a woolen blanket over me. One evening when I was sitting there and developing some [glass] plates, I suddenly felt something crawl over my slippers. I sat as still as a mouse; and when I felt that what had crawled over me was gone, I quickly jumped out of the dugout. In the morning

I discovered that during the excavation of the dugout we had traversed a passage where the rattlesnake had its home. To be prepared for the eventual poisoning through being bitten, we did indeed always have a 5-gallon jug of whisky, but still it was always rather worrying with all these animals. And in the end it became so dreadful with insects and snakes that I gave up and headed towards the Pacific coast.

On the Pacific Ocean coast
Railway surveying along Puget Sound
— The Great Northern in the Cascade Mountains

One day in April, I arrived in Seattle in the state of Washington. The previous summer, 6 June 1889, most of the town had been razed to the ground, so there was much building at hand, as well as many works out in the suburbs.

I shall never forget the impression that the journey there had on me. The climb through the Cascade Mountains from the brown, treeless lowlands, through to tremendous pine forests with dots of snow here and there, and finally up into the far-reaching winter with big snowdrifts, and when we had come through the pass we gradually came down into full summer with gardens filled with an abundance of roses; it was wonderful. Of course, we now have something similar here at home on the Bergen line during May and June; but my journey happened forty-four years ago, so this was a uniqueness of some standing.

The day after my arrival I was already at work with the staking out of a line along the

Snow shoveling on the Cascade Mountain during the construction of the Great Northern Railway. — Snemåking i Cascade-fjellet under bygning av «Great Northern Railway». [circa 1890-1892] Image scanned from Wilse's 1936 book.

Puget Sound fjord from Seattle to Tacoma. And here we had a wonderful time, no troubles — only enjoyment and luxurious living. The only thing that disturbed our rest at night was my old acquaintance — the skunk. This little sneak thief would creep into the tents at night, aye, it was even so brazen that it would stroll over us and begin rummaging through the dirty clothes under the pillows. But we could do nothing more than just stay calm and let it sniff around until it was finished. During the day we saw less of them, although it did happen that they would arrive at the kitchen tent to get some tidbits from the cook. Tame they were, so we had a lot of fun to study these beautiful small animals. Pat them we dared not do, as they had this blasted spraying gland at their back end.

Down on the shore we found our grandest meals. When the tide went out — and here the variation between high and low tide could be up to thirty feet — we wandered along with a bucket and a spade, partly to collect the little, glorious Olympia oyster that happened to be here and there, but mainly for digging after mussels that lay down in the mire and who with their blowholes announced where they were to be found. We dug them up and soon filled a bucket. Through steaming these mussels we made a wonderful bouillon, or by finely chopping them, and together with potatoes, carrots and onions made the most beautiful soup in the world.

When the tide went out, there could also in deeper holes be left a rather good-sized flounder. These holes were normally besides large stones, and in many of the largest was where the octopi would also be in hiding; and they were not actually small fellows. When I discovered one of them, I flew back to the camp and collected the rod we used on the line during work. It was fashioned with a sharp iron spike. Armed with this one I thus attacked this, the ocean's dreadfully monstrous beast. When I drove the rod in, the eight long arms with their suction cups on the underside, immediately twisting themselves around the rod, and so the battle began. It pulled at the rod and I struck again as soon as I had loosened it. It depended on striking there where the eight arms meet, there where the body with the parrot like beak for a mouth sits. It so happened that I had killed a beast with eight-foot long arms. Octopus is renowned for being good food, but there was not one of us who had an appetite for it. On the other hand, the Indians received them happily as a gift. We normally took a lovely swim in the afternoon, but after discovering the octopus, it became just a dip in shallow water.

This wonderful time unfortunately only went too quickly. I soon received another work, which in many ways was very different from this, in that I went over to the plotting of the massive transcontinental line, Great Northern, through the Cascade Mountains.

For three days, partly on horse and partly on foot, we forced our way through a massive virgin forest and made camp below the mountain range. As a starting point we had a pass up there. It was later called Stevens Pass after our chief engineer, John F. Stevens, who had found it while exploring. Stevens later became head of the railway construction during the building of the Panama Canal.

This was a massive ancient forest that we worked in, with trees up to twelve feet in diameter. And when our line struck such a colossus, we had to peg around it, as it would have taken too much time to cut it down. There were often fallen giants lying on the ground with a thick cover of moss over them, whilst there now and then grew firs with their roots tangled around them. To climb over these giants was not always easy, and it resulted that one was good and wet, when the moss, because of the — shall we say — daily rainy weather — was soaked like a wet sponge. Down here the sun did not shine, it was only when we were on the mountainsides that we saw some rays emanating from it.

The forest floor was relatively clear. There were little of creepers, but there was one plant, about the height of a man and with large bright green, finger-shaped leaves, which we dreaded coming near. This was the Devil's Club [Oplopanax horridus], whose leaves on the underside were studded with long, sharp needles, and, which always stood with an offering hand there where it was — undeniably needed. We had to begin using gloves, but they had to be thick. — Of poisonous creatures there were none — aye, even blowflies there were few of. Nor did we give them much to revel in, as all waste was thrown into the river, and the meat hoisted up into the trees, where a light breeze held the insects away. Of larger game there were a few bears and deer, but not enough to feed seventeen hungry men with. There was also a small, beautiful rodent called a chipmunk. It reminded me a little of a squirrel, only that it was smaller, and the bushy tail was fuller. It had its burrows in the earth and was very tame or more correctly said — unafraid when it knew that there was food to be had. I made a type of cage and captured some by placing food under a box that was propped up with a stick whereto I had fastened a string. And the waiting time was never long before the chipmunk was trapped.

For the storing of food that could be spoiled, we made a hut by the camp; I did the same to provide a darkroom. When we came upon one of the large fallen cedar trees, we only needed to remove the outer decayed layer of about one foot in thickness with an axe to reach the tinder dry wood. The structure of this wood was such that it easily let itself be split into thin boards, so it did not take long to build the finest of houses.

Of fish there was none in the river up here, as the salmon of, which there were such a magnitude of further down, could not come up the large water falls. It was fun to see how large schools of salmon in the deep holes below the waterfalls, were trying to work themselves up-river with high leaps.

Laying the line for the Great Northern on Cascade Mountain.
— Vi legger skinner for «Great Northern» i Cascade-fjellet.
[circa 1890-1892] Image scanned from Wilse's 1936 book.

One day I was given a message that there had arrived a ship from my hometown to Seattle, and I was at that time given a week's leave to travel down there. It was during springtime when the salmon swim upriver to spawn. I was given a horse to ride, as the trip to the railway would otherwise have taken three days. Once when I was to cross a river, my horse would absolutely not go in. I could not understand what the matter was and neither riding crop nor spurs helped. But then suddenly I discovered what the cause was. The whole bottom of the crystal clear river was a single writhing mass. It was salmon that were packed together, working themselves upstream, so tightly that there were only their backs to be seen. I dismounted from the horse, collected a number of large stones, and by throwing stones and at the same time driving my horse with spurs I was able to open a passage — something in the likeness of crossing the Jordan. It often happened that I saw a bear sitting on a rock by the river, swipe its paw into a salmon and run off into the forest with it. The Indians were out sticking the salmon with hayforks and collecting them in big heaps along the shore. Later they dried them. When the water level in the river sank, a mass of fish was left behind in the large holes. These fish soon began to rot such that during still weather there was a horrible stench.

On the way back I had to act as a cattle driver, in that I drove living cattle up to the camp to be butchered there. I remember a time when we were just about out of provisions when the river was in flood, making it impossible for meat and other food provisions to be freighted up to us. Then one afternoon there came wandering into the camp an ox, it was slaughtered in an instant, and two hours later the thighs were sitting on the table as beef. One gets a cast iron stomach when one lives like this, so one eats everything.

As December wore on, the weather that had steadily drenched us began to turn to snow. And when it first began, it came down with a vengeance. The mild moist air, which together with the west wind from the sea, blew straight up through the valley, and was quickly chilled by the wind from the east when it hit the mountain chain. Thus there were large, wet snowflakes formed, which did not take long to become a several foot deep layer. Slow and steadily the snow fell the first afternoon, and so there was Christmas cheer over the forest around our camp where our paraffin lamps glowed in the dark. When we awoke in the morning, we were nearly snowed under as the wet snow had weighed down the tents. We were of course not fully prepared for something like this, so there was a shortage of snow shovels; but during the day the solution came to light, as there of course was enough wood at hand from the fallen cedar trees.

Now began a strenuous work with snowshoes on, but it went well. The worst was drying our clothes, as we were soaked every evening from the wet snow, so that every morning we had to put a new change of clothes on. And our first job in the morning was to shovel the tents free of snow.

One day we had an unexpected visit, in that the president of the company, the railway magnate himself, Jim Hill, came and stayed the night with us. He had actually come over the mountain. I would like to see if anyone at home in his position would have gone to grips with the hardships this was associated with.

We now worked ourselves gradually down into the valley, and in this manner we went further and further away from the masses of snow. When we celebrated Christmas Eve, it was green around us with a temperature that allowed us to enjoy ourselves outside the tents in our shirtsleeves.

As an example of how much snow can fall in the mountain passage itself, it can be noted that during the track laying, when there were 300 men at work, there were places that were 33 feet deep. In places that the tracks were laid on fill, there was a cutting so high that a man on top of a large freight car could not see over the edge of the snow.

To have the railway finished as quickly as possible and not wait for the completion of the three English mile long tunnel, we had to build a so-called switchback that in a fashion consisted of steps, and each step connected to the next in a continual rise upwards. In this manner we reached the top of the mountain. It was fun to watch the train fly back and forth on the mountainside and at the same time work itself upwards. This method was the cheapest way in, which to get over the mountain, even though it took a rather long time. In addition to this manner to go up in steep terrain, we made use of the so-called loop, which is also used in Norway on the Rauma Railway.

During spring I was transferred to the head office in Snohomish [Washington] as the chief, directly under Stevens, this position included making inspections trips now and then during the construction of the line. When such a line is to be built, the first thing to do is to lay a transportation route. And with it come all the parasites who settle down to live off the worker's wages. Drinking and gambling dens with all sorts of drifters — women as well as men — made many places dangerous to travel in an otherwise peaceful valley. Revolvers hung on the belts of those who were there to suck the life's blood from the workers, and they were probably also used in unpleasant ways many a time.

Down in the valley at the foot of the mountain range there was built a whole little town; constructed of large logs that were cleared out of the way for the continued laying of the line. The town had a lifetime no longer than until the end of the laying of the line, and it was a sad sight to see the deserted, people empty street when it was abandoned. Most of the signs were still hanging on the walls, whilst windows were removed or broken and the road having bottomless mud holes. The topsoil consisted of deep, soft soil formed

An abandoned worker's town after the railway was finished.
— En forlatt anleggsby, efter at jernbanen var ferdigbygget.
[circa 1890-1892] Image scanned from Wilse's 1936 book.

by decaying plants and trees that had been there for hundreds of years. To get the road passable we had to build it as a whole raft of logs, which were laid across the roadbed and filled with earth and gravel. But it had to be constantly maintained. And then as the town had no council, the street was never in a proper repair. There, as in many other places, one was very careful in doing anything to the road if it could be of benefit others. In a small town the road was in good stand outside those that would entice customers, but if the neighboring property was not developed or there only stood a warehouse there, the road at this place was of bottomless water and mud.

East of the mountains
Spokane — Difficult time in Seattle
— Kaslo in British Columbia — Olympia — Mount Rainier

During the summer of 1892 I was married. I had been engaged [to Helen Marie Hutchinson] during my visit to Norway in 1889, and now as my betrothed arrived from Norway, we were married by Sperati [Carlo A. Sperati (pastor)] in Seattle, who in the summer of 1936 visited Norway with the Olav Boys Orchestra.

In the summer of the following year we barely had finished the line on the western side of the mountain before the office was to be moved over to the mountains' eastern side. The office was constructed in Spokane in the eastern part of the state of Washington. For my part it was mainly office work dealing with final arrangements of the archives relating to the line's tracks and bridges.

We had only just shipped everything off concerning this to the main office in St. Paul in Minnesota, when we in the middle of the night, received a real shock with the news that the largest of our wooden bridges had burned. It was a bridge of over 600 feet in length and 70 feet high. It spanned a deep gorge near the Columbia River in a countryside that nearly resembled a desert, bone dry and sparingly covered with willow. And even if it had been possible to provide water, it would have been of little avail to try to extinguish the fire, as the bridge was built of the most volatile of pine timbers.

In the early morning crews and railway cars were roped in, and my chief and I who were the only engineers still employed by the railway, were with our camping equipment raced to the bridge site, which lay somewhat over 100 miles to the west.

It was a sad site that met us — that deep gorge with the smoking timber in the bottom. As all our cross-section drawings were in St. Paul, the first thing we had to do was clean up so we could level out the gorge and begin redrawing the bridge again. Afterwards, we could order new timber telegraphically from Seattle. With my chief on the leveling instrument and one man running between him and myself with the heights of the various bridge piers, I then drew on graph paper the different spans and telegraphed after each the different dimensions we had to have. By evening I had drawn the whole bridge, calculated the timber needed and telegraphed the order in its entirety to the sawmill. Only after dark, could we have some food, a rest and a smoke. We had been going without stop since 4 o'clock in the morning.

After a while, one work train after another began to arrive with all the equipment needed to build a temporary line where the damage was, as well as helping with the transportation of passengers, luggage and the mail. First we had to build a path down into the gorge. Luckily, there was only sand, soil and intermittent boulders to struggle with, so it went relatively quickly. A week after the fire we were able to drive trains over the provisional bridge, and the actual bridge itself we had finished five weeks after the fire. This was a record, which was discussed with flattery in the American technical magazines.

The whole situation had come on abruptly. — In the dead of night I had left my home, where my wife was then left behind with a tiny six month old boy [William Hutchinson Wilse, born 1893]. I had not even taken the bare essentials with me, and I cannot say that I even felt the least bit well out there before the tension was settled. When the first train had come over safely, I boarded it and went into town for a bath and to be shaved. As a remembrance of this place, I took home a whole sack of fowl called sedge hens. It reminds me of black grouse, but it had a taste of sage from the bushes that grew out there. They were easy to get within shooting range, so they could be shot with a revolver — aye, even stoned to death.

Then the day came that also Mr. Stevens and I received our last pay from head office in St. Paul. The railroad was built and in operation — and so the company was finished with us. It is a practical and hard-handed approach, but this is how it is in America — one has to be steadily on the hunt for new work.

* * * * *

There were bad times out there when the railway construction took a breather. To settle in the small country town there was little point in. And so we moved with our belongings over to Seattle where it was cheaper to live and more life and activity. But it was a waiting game — to wait and fly around and question everywhere. No, there was no work here or any other place. One month went after the other, and the little money we had put aside soon evaporated. The merchant we bought our wares from became impatient, and to satisfy him, we had to pawn all our silver articles.

Finally during spring, I had work constructing a railway for some silver mines in

One of my primitive dark rooms. — Et av mine primitive mørkerum. [1890s] Image scanned from Wilse's 1936 book.

Getting spruced up for Sunday in the camp. — Søndagspuss i leiren. [1890s] Image scanned from Wilse's 1936 book.

British Columbia. First I had to travel alone to see if I could bring the family along. It was a long journey from Seattle and it would become a demanding journey for my wife who now had two to drag along as well [William and daughter, Abbie Helen Wilse, born 1894]. But as to the complications of retaining two households, which would be expensive, we decided that she should rather try to come along. She had to take along things to equip the little room I had rented, and this was not so easy to organize, as the journey first went eastward with the railway over the mountains into the state of Montana. There she had to change over to a large paddle steamer that went up the long lake of Kootenay [British Columbia, Canada] into the heart of the country. On the shore of this lake, adorned by high mountains, lay at that time the small mining town of Kaslo, with a population of about 200 — a real outpost of the inner, wild mountain country. About 30 English miles up a valley, which culminated where the town lay, were the large silver mines, far up in the mountainsides. The ore was freighted in leather bags on the back of mules.

I used my photographic apparatus quite frequently up here and took a number of photographs that led to the railway company earning $5,000. It happened so that I had taken a number of photographs up in the valley where the railway was to be built. The valley was covered with a sparse pine forest of a negligible size and value. After we had cleared and begun building the line, the owner came and demanded an unreasonable compensation of $5,000 for the timber. This led to court proceedings where I could display my photographs of the condition before the clearing, and on this basis the company won the case.

It was not exactly a desirable place for toddlers up there as it was difficult to obtain milk. The only two cows that the town had to parade needed to supply the whole town. Nor were there any roads for my wife to ambulate on, so if there was one who was glad when winter arrived and we could move back to Seattle, it was her. The only company

From Lake Kootenay with the paddle steamer that took us on moonlit outings.
— Fra Kootenay-innsjøen med hjuldamperen som tok oss på måneskinnsturer.
[1890s] Image scanned from Wilse's 1936 book.

she had up there was I and my chief — an elderly engineer. But we will never forget the magnificent moonlit evenings with the reflection on the lake that we could see from our porch, or the moonlight tours the paddle steamer made as extra trips.

Several Englishmen from upper-class families had settled in this town in a kind of exile. They were called *Remittance-people*, as every month they received a certain amount of money to live off [usually sent to them by their rich family]. Thus they had nothing better to do than use up their time in fishing, hunting and smoking. Most of them were refined people. I became acquainted with several of them and found that they were pleasant fellows.

And so we came back to Seattle again. Times had not changed — on the contrary — and it depended on taking whatever came along to keep the wolf out.

But eventually I was however to receive work at the government office for surveying in Olympia, Washington's capital —, which at that time was a town of 3,000 inhabitants. I was to draw maps from surveys that were conducted in the field during the summer. As the work in the beginning was temporary, I did not dare move there with the family; but left them in Seattle and every Saturday I took a steamship trip home to visit them. Later I received a more permanent position. We then moved there and rented a right cozy house that lay in the middle of a tiny garden, where the children could have a real proper romp.

* * * * *

From the town we had a view directly south of Olympia to a lovely snowy-covered mountain that arose like a haystack to a height of 14,400 feet and with lasting snow above ca. 10,000 feet. It was Mount Rainier. And it was no wonder that this daily sight created

The state drafting room in Olympia [Washington]. In the far right is the author.
— På statens tegnekontor i Olympia. Lengst til høire forfatteren.
[1890s] Image scanned from Wilse's 1936 book.

a longing to ascend it, which grew so strong that it *had to be done*. And when leave came, five of us agreed to venture on this enterprise.

As the foot of the mountain was 60 miles away, we had to arrange transport. We hired a farm wagon with two horses, and on this we loaded our camping equipment and provisions for 14 days. Three of the participants used bikes — us others lay sprawled over the cargo. As far as to the foot of the mountain the road had been relatively good, but there where the gradient initiated its weak beginnings — in through a massive dense forest — the road was so miserable that both cyclists and the rest of us had to use one's legs. The mountain road led to a plateau — an untainted natural park at a height of 5,000 feet. It was called *Paradise Valley* — a name it rightly deserved. Here were great grassy plains with the most delightful alpine blossoms, with small lakes and slender mountain spruce. They stood and admired themselves in the reflection from the crystal clear, green water. From its round top — the mountain itself pushed out arm like glaciers — like the arms of an octopus.

In this lovely environment we made camp and let the horses loose. The first day we used for orientation; how we might plan the route to reach the top in the shortest time.

We arose early the next day and packed provisions for two days — with chocolate, dry cookie, raisins and oatmeal in canteens. And so we began the arduous climb. In the afternoon we reached the foot of a vertical mountain — Gibraltar — where there should be a passage, albeit small — and with a precipice of several hundred feet on the outer edge. There was however a problem and this was that at this time of the day there were small avalanches down off the mountain, which made climbing there dangerous. Therefore, there was nothing else to do than wait until nightfall when it would freeze over.

We had now arrived at 10,000 feet. In order to throw ourselves down on the ground— for we could of course not be left standing or walk around up here in the cold and dark — we made a night resting place by clearing away the stone on a prominent crag, so there would be enough room for all six. We chose the place as far away from the vertical mountain face (Gibraltar) so that landslides would not take us. But the space was no larger than that our legs and arms were hanging over the edge of at least a 2,000 foot deep plunge.

Brrrrrr — what a night! All the time we heard the thundering of the glaciers that calved or avalanches that hurtled downwards. We had no other bedding than our raincoats — and it was many degrees minus [centigrade], and the wind howled in the mountain gorge. There was of course no sleep there where we lay crammed together, staring up into the star studded, deep blue sky. The camp we called *Stjerneleiren* — Camp of the Stars.

At 4am — as soon as there was just a hint of light — we were up and about. We were now only four to continue on — three of us and the guide — as the other two had nosebleed and ringing in their ears. They could not tolerate the thin air. Had the climb to this camp been strenuous, then it was just a child's play to what lay ahead. It was one steep glacier after another, where we had to chop stairs into the ice. All of a sudden we would also have to work around horrendous cracks that opened down into bottomless crevasses. Gradually as we climbed upwards it became more and more tiring to keep going — even though the last 2,000 feet only went up a moderately inclined snow field, we could not take many steps before we had to throw ourselves down on the snow to get our breath back.

Finally at dusk we arrived at the top where there was a black stone rim around a depression, which clearly showed there had been a volcanic crater here. The rim must still have been warm as it seemed as if ice and snow never lay there. There blew a right fierce storm up here, and to get the photographic apparatus to stand, I had to put it on a rock and load it down with stones. I had also brought a one-pound Bengal light [blue flare], which I was to burn so that my family could see that I had reached the top. But the storm made that impossible.

The return trip went swiftly, and after an absence of ten days we were back in our homes. We had satisfied our curiosity on what it looked like on top of this mountain. The view was brilliant; we saw mountain peaks down in Oregon and California. And one morning it was amazing, when the fog lay deep beneath us, to see those — mighty sugar tops in Oregon peeking up over the mist— like icebergs on a rolling sea.

Mount Rainier has been one of the Indians' sacred shrines — and they made pilgrimages there. Now there has been built a wide auto road right up to Paradise Valley, and here are large hotels built. The sport of skiing and Norwegian skis has forged a foothold, and there are great skiing competitions held here.

After what we could find out, only twenty-one had reached the top when we made the *pilgrimage*.

The 14,000 feet tall Mount Rainier [Washington] seen from Paradise Valley.
— Det 14 400 fot høie fjell Mount Rainier sett fra Paradisdalen
[1890s] DEX_W_00340 [DEX]

I become a photographer
Business begins — Yellowstone Park and the expedition to Granite Range
— The Grasshopper Glacier — *Pussy*

The years passed. And as it always was in America, I was engaged to carry out one job after the other. And when it was finished I had to leave — and then it was to seek after something new. This was not good in the long run — as the family grew. Therefore, it was necessary to start something on my own.

Throughout the winter of 1887 I had been busy with a somewhat larger work for the county in which Seattle lay. It consisted of parceling and calculating the tax rates over the large surface area that lays exposed during low tide in Seattle harbor. I had overworked myself with calculations to the extent that I saw numbers on the road and talked about numbers in my sleep. Then I decided that it was time to *do or die*. I gave notice at my work, went down town to a photographic storekeeper and asked him to put me in touch with an outdoor photographer. And this he did, shall we say, within a day.

Two days after I had finished my engineering work, I was a *Scenic Photographer*.

I had joined a traveling photographer. I was to manage the office in Seattle, develop and print, whilst he would travel around photographing everything that could be expected to earn money. One of the most important earners was to photograph groups of people who were engaged with logging in the vast forests — and who earned well. I soon found that my partner let me do all the most important as well as the most money consuming work, whilst he took it easy, lived well and deposited the money on the photographs I had made and sent him. After six months of partnership I made him an offer that I would buy

The author in the beginning as a Scenic Photographer. — Forfatteren starter som «Scenic Photographer». [circa 1887] Image scanned from Wilse's 1936 book.

him out for $600 cash. This he agreed to, and so I became the sole owner of the business. I expanded by receiving drawings for blue printing from engineers and architects. I had indeed many acquaintances among them, so I soon had a lot to do. I prepared the paper myself — was completely on my own doing everything — so I had to hang in there like a blacksmith. Photographic developing paper was not on the market yet, so all the copying took place in frames that were laid out in the daylight, to then be toned in a gold bath. This of course was a long process compared to today's manner of copying.

The business grew so that already in the first year I could see that I soon would need help to both perform the manual work and also for giving me the opportunity to come out and shoot without being forced to close the shop. During these years, the major gold discoveries were made in Alaska and all traffic to and from Klondike went through Seattle. This provided me with much work in photography and copying. Later the Philippine War came, which gave me much work photographing troop transports to and from these islands.

When I had run the business for little over a year, I received an offer to partake in an expedition for Rockefeller out in the wild, unmapped land in Montana and Idaho outside of Yellowstone Park. The expedition [1898] was to be away for three months and consist of seven men with seventeen horses. I would receive a good wage and be the owner of all the plates I took.

* * * * *

My task as a photographer and topographer was to make a map with the help of photographs, barometer and compass. The land was extremely wild and lay from 7,000 - 12,500 feet above sea level and was ca. 180 English miles square. It was also completely uninhabited, as the entire extent lay above the tree line. It was called Granite Range [Montana], as

A home baptism in Seattle [Washington] during the 1890s. — En hjemmedåp
i Seattle i nittiårene. [1890s] Image scanned from Wilse's 1936 book.

Our pack horses on expedition to Granite Range. — Våre pakkhester på ekspedisjonen til Granite Range. [1898] Image scanned from Wilse's 1936 book.

*Our expedition team on horseback in Montana.
— Ekspedisjonen på hesterygg i Montana. [1898] DEX_W_00355 [DEX]*

it mainly consisted of gray granite. We were to seek mineral deposits whilst mapping. The American survey had mapped the surrounding land, but had not bothered about this terrain. Our seventeen horses we no longer had daily need for when we arrived at our actual work place. We began the journey with a trip through Yellowstone Park, a journey that took us ten days on horseback without a longer rest than from 6 o'clock in the evening to 8 in the morning. That we were given permission to make this journey on horseback was due to our chief, who had been the director for the mint in Philadelphia and was one of America's leading experts in the mineralogy field. The work itself was as it normally is on such explorations and mapping expeditions, however, I experienced some episodes that have attached themselves to my memory.

Our expedition team (Wilse second from right). — Vår ekspedisjon team (Wilse andre fra høyre). [1898] Wilse No 14 B & DEX_W_00334 [DEX]

After the journey through Yellowstone Park we came to the edge of our work area, where there lay a small mining town, Cooke City [Montana], with 200 inhabitants, whereof a large number were *mineral seekers* (prospectors) and pelt hunters [trappers]. By the campfire in the evening we received many inquisitive visitors. This was quite natural, as there was of course not every day one had visitors of such a large group, which included two of Montana's best-known scouts from the Indian war. These were mainly hired for tending the horses and to supply fresh game for the camp. Speaking about food, I can mention: One kilometer's distance from where we had made camp was a small lake; this is now named after my wife, Lake Helen. Around it grew some spruce and pine. I had noticed that fish were jumping and decided therefore to try my luck at fishing. But as I had no fishing rod and only a primitive line — and as there also was no boat to be found, I got some of the boys with me and with the help of the axe and some nails we soon had a raft ready. I had not even thrown the line in properly before there was a fish hanging on. And after an hour I had landed so many heavy, large trout that the potato sack that was acting as a fishing basket was well and truly a quarter full. I had more than we could eat before it would spoil — but to throw back any of these beautiful fish I would not. Then I came to remember that at home in Norway one smoke cures the fish. So I built a lean-to of evergreen branches, and after a night in a salt bath I hung the fish up on wooden slats in the lean-to and fired up. Now, I had never smoked fish before so the consequence was that I let it become too hot. The fish was rightly smoked, but at the same time the fish fell off the bones. Then it was to be rid of the fish, but there was worse to come. The Americans (I was the only foreigner) would not even taste it, as they claimed it was raw. For me however, it tasted wonderful — and thoughts went back to Norway. Oh well, if they don't want it, then I would not force them — there was nothing more to do about that.

American bison, also called buffalo. — Amerikansk bison, også kalt buffalo.
[1898] DEX_W_00305 [DEX]

When we left camp in the morning, we three engineers normally went each our own way and took with us our lunch for the day. I also took with me a good portion of smoked fish. Then one day it happened that one of our hunters bumped into me up on the mountain around lunchtime. He was without food. We settled ourselves down at a stream and I offered him some of my lunch. As it was not designed for two, the fish also had to be eaten. It was difficult to get John to let the fish past his gritted teeth, but after this had finally been achieved, it quickly went down. When we arrived home he told of how good this fish was — and I must say that the fish was met with a welcoming reception after that day — unfortunately. After this camp there was no opportunity to fish any more, for then we were off into the wild gray mountains.

By hunters we were told with mystical undertones that deep into the mountains lay a glacier full of grasshoppers. We did not take much heed to this, but one day like so many others, I had climbed up a 12,500 foot tall mountain to observe the direction of a stream. I had just finished my observations when I happened to look down to the foot of the mountain. And I observed something strange. There was a glacier — but a glacier whose surface almost looked like the hide of an elephant. I climbed down onto it and found that the stripes that went across were piles of dead grasshoppers. At the foot there lay whole railway carloads of heads and legs of grasshoppers. In the cracks of the glacier I could see thick layers

A herd of bison. In the background is also a herd of deer. — En flokk bisoner. I bakgrunnen sees også en hjorteflokk. [1898] DEX_W_00306 [DEX]

of these insects. Far down in the cracks I saw there lay a layer of grasshoppers, then a layer ice and so a layer of grasshoppers again. I filled my coffee thermos with samples, and I must say there was commotion in the camp when I came and told them of my discovery.

The mountain that I discovered the glacier from was named Mount Wilse [11,788 feet or 3,593 meters, located in Beartooth Mountains, Montana] by my boss.

From this glacier there flowed a rather large river that was not correctly placed on the map, or where it was in the surveyed country. So one of the other engineers and I were given task of correcting this. Equipped with each our woolen blanket, ten days provisions on our backs and with good, solid boots and clothing we set off.

The first night we camped up on a mountain ridge, after having climbed over boulders the size of houses — or under them, as we followed the river's course through a dreadfully rough terrain. We leveled out the ground so we had a flat area to lie on, then placed the provision bag under our heads and soon we fell asleep. During the night we were woken by some mountain rats that wanted to flee with our pillows. We chased them off with lots of bad language and soon fell asleep again — to awake snowed under, at daybreak. It does

Mount Wilse, 12,000 feet, with the Grasshopper Glacier. — Mount Wilse, 12 400 fot, med gresshoppebreen. [1898] DEX_W_00313 [DEX]

not leave a good taste in your mouth to have to turn out under such conditions without getting something warm into ones stomach. But that was out of the question here. We were far above the tree line and there was nothing burnable to be found. Later in the day we worked our way downward to a valley where there was some willow growing. Here there was still snow lying on the ground and when the sun came through it was a damp hike.

On the fifth day we reached the top of a mountain to take bearings. Our joy was great when we saw under us the brown prairie stretch outwards from the other side while there behind us lay a wild mountain landscape with glittering glaciers.

Then it was to go down. But to go down to the flat country was another matter, as the mountain was smooth from erosion causing winds. Finally we found a small valley, where through partly sliding on the seat of our pants we reached the bottom, which was overgrown with tall but now yellowed grasses. When we had come down, a tremendous cloud of grasshoppers had risen and as we went further along the cloud became steadily larger. Now we had, apart from solving the riddle of where the glacial river arrived on the prairie, also solved the mysterious question of the grasshoppers. This could most likely be explained as follows:

During autumn the grasshopper swarms collected here in this small valley to migrate over the mountain. When they had reached the ridge, after having followed the course of

Our campsite in a snowy mountain landscape. Four tents, whereof one has a chimney up from the tent canvas. — Vår leirplass i et snødekt fjellandskap. Fire telt, hvorav et med pipeløp opp fra teltduken. [1898] Wilse No 38 B & DEX_W_00358 [DEX]

the river, they could have been met by a snowstorm over the glacier, fallen down and been snowed under. Towards spring the snow turned to ice and made a new layer on the glacier. When there was a layer where there were no grasshoppers to be found, the indication was that they had not migrated that fall or that they had gone over successfully.

When we had come down on the prairie we looked like regular tramps. Of boots and clothes, only sad remnants were left — the sharp granite had taken its toll.

Weathering the storm. Two men bundled up against a stone cliff. Beside the one man stands a tripod. — Venter ut stormen. — To menn sitter innpakket inntil en steinskrent. Ved siden av den ene mannen står et stativ. [1898] DEX_W_00301 [DEX]

That horses have understandings — aye, intelligence — is evident to anyone who comes into contact with these animals during a situation where solely and wholly it is only them one has to rely on. And one soon needs to acknowledge that it is far from an ignorant animal one is dealing with and a creature that when it is understood and correctly handled, can display properties that makes one become infinitely fond of it — aye, even accepts it as a good and faithful friend.

Out in Montana they have a breed of horse called a Mustang pony. It is a cross of the feisty Mexican pony and the Indian's faithful and clever pony. Such a horse was what had been given to me in Bozeman in Montana at the beginning of the expedition. The horse was a light grey, rather plump, and with eyes that said nothing either of its advantages or otherwise. Its name was *Pussy* — and a racehorse it was not. But on the other hand it was unusually sure footed, and that was a big advantage on the journey it was to take part in. With the horse came a Mexican saddle and a halter, but no bridle. This I thought was a

Portrait of photographer Anders Beer Wilse on Pussy. — Portrett av fotografen Anders Beer Wilse på «Pussy». [1898] DEX_W_00243 [DEX]

little peculiar. But the horses out here were always guided with the knees in Indian style. This of course is an advantage for the horse, which in this manner has its mouth free to eat when the opportunity should arise.

Pussy and I soon became good friends, and the comradeship and the understanding that prevailed between us came to rescue me out of a delicate situation at one time.

We were camped deep in the heart of wild Granite Range when the mail brought my chief an important letter that had to be answered immediately. I was asked if I could get the reply letter the following morning to the mail stagecoach, which left from the nearest station — some forty miles as the crow flies. The route that had to be taken became somewhat longer as there were to be found neither roads nor trails.

At dawn around 4:00, *Pussy* and I were ready — and off we went without any luggage except for the four sandwiches with salami on. The first twenty miles went rapidly up through some relatively gentle but dens grass covered valleys. But when the last valley, after my reckoning turned in a wrong direction, I veered off and came up on a relatively high tableland. I rejoiced over how quickly we should arrive, when disappointment came in all its vehemence. I was precipitously standing at the edge of a several hundred foot deep canyon with sheer sides as far as the eye could see in both directions. To turn back to where I had turned off there could be no question of as the distance was too great. And it therefore would be an impossibility to arrive before the mail left.

But down I had to go — there was nothing to do except to try to find a place where there was a chance. I found a crevice where rocks had for centuries tumbled down and formed a kind of slope, but how far it reached I could not see. I needed to chance it.

Before we began on our way down, I spoke to *Pussy* — let her take in the crevice, — released the twelve foot long guide rope and began the descent. I went down as far as the rope reached, turned toward *Pussy* and called her with encouraging words. And *Pussy* came, setting herself down, sliding down to where I stood to gain an appreciative clap and words of appreciation. And so it went, and in twelve foot stages we reached perhaps a hundred and fifty feet, but then — —. I will never forget the terrible situation we were then faced.

Where the rockslide ended, many boulders were piled up — many as large as small houses. Here it was like playing a game of dominos to study and find a solution. And that had to be done before the venture began. We had to hop from boulder to boulder, and many times there was a long distance between, so that I had to take off and leap with the rope in my hand so as to get *Pussy* to jump after. Many times we had to jump long detours when boulders were too large and blocked the way for us. But ultimately we were down on the bottom — I shaking with excitement and *Pussy* foaming with sweat.

I looked back up the rock-strewn slope, and then it stood there for me as being utterly inconceivable that I could have led a horse down that rough slope. However, I do not think any other horse would have made it. I believe that what had made it possible depended a great deal on the bond — aye, a tangible human understanding between *Pussy* and me. I could steadfastly rely on her.

Even in an event where it would have been normal for the horse's natural make up to have taken over — as in the case when I would let her loose to graze — I needed to only call her. And either she came or I could walk up to her and lay the heavy saddle on — without kicks or bites or twists. Just one time she would not obey me. It was when we were on a journey through Yellowstone Park in a thick grove and we were startled by a big bear that came out on the road in our vicinity. *Pussy* flew into the air and lay off as fast as her legs would carry us along the road without wanting to listen to me trying to calm her.

After calming down, we took a breather. I took the saddle off *Pussy* and let her loose so she could roll around in the lush grass. I took out the packed lunch; but the appetite was poor. When we had both cooled off a bit, we took us a bath. I saddled *Pussy* again, and we were off so that stones struck sparks beneath us. *Pussy* must have understood that we were running late.

In full gallop we headed for the post office — rushing past my friend, the manager of a silver mine and his wife, who were sitting on the verandah enjoying wild strawberries. And we arrived a quarter of an hour before the mail was to leave. Then I turned around and went over to my friend where I received strawberries and enjoyed a quiet and pleasant evening. *Pussy* received a good meal of oats — the first in a couple of months.

I stayed with my friend for the night. My party was to break camp the same morning I left them; but they did not want to hurry so they calculated about two days to reach the mining town. On my friend's verandah I would soon enjoy the sight of the six men and sixteen horses as they passed by. And it was a joy — that was nearly boastful — as our two scouts had predicted that, whichever way I took, I would not escape with my life. They considered me already among the departed. And when they saw me fully alive and in the best of health sitting there and reveling in strawberries, there is no doubt that they

The author with his mustang pony Pussy. — Forfatteren med mustangponnien «Pussy». [1898] Image scanned from Wilse's 1936 book.

were a little upset. Then when I also could tell that the letter had left with the mail the previous day, their predictive powers fell greatly in worth.

One of these scouts had at one time let fall the following statement: *What the hell is a mountaineer of only two months doing out here?* This hit me like a kick from a mule — a remark, which I would make sure he took back a long time thereafter. The chance came one time when he had gone out hunting and we bumped into each other on the way home. I had my big camera on my back and a heavy tripod in my hand. He offered to carry this for me, for, which I was grateful as I was good and tired.

We came to a steep mountain on, which side was a narrow crevice or ledge about a foot wide. At the foot of the mountain there were river rapids. Our course was such that we should avail ourselves of this ledge so as not to make a long detour. I therefore went along the ledge with my face along the rock wall. When I was across I looked back, but Mr. John was still standing on the other side and said he would rather go around. So I went across and took the tripod from him. But still he did not dare to cross. Then I crossed again, took his rifle and led him over.

That evening in the camp he asked me for forgiveness about what he had said about the two month mountaineer. They are worthy guys under it all — these fellows.

Winter sets in
Gold digger's hut — Back to civilization — Home sick

Completely unexpectedly, autumn and blizzards were upon us. And when the snow appeared to be there to stay there was nothing else to do but leave the mountains. The snow covered the grass for the horses, and we did not carry any extra fodder for them.

Then it was to find one's way to the prairie or a settlement straight through this unmapped wilderness with seventeen horses and luggage. One of the other engineers, Mr. Wood, and I were assigned to find the way. Our two scouts had their hands full with looking after the horses. They had become quite unruly by having to wade in deep snow and receiving little or no feed. Before dusk Mr. Wood and I had to find a camping spot in such good time that the tents could be raised and also make sure there was a marsh nearby where the horses could kick the snow away and come down to the grass.

It was lucky now for us as we could lay the path below in the timberline and hold ourselves in the pine forest, and we had firewood for cooking and for the campfire outside the sleeping tents. The nights were so cold that boots and harness froze stiff. And there is no doubt that we were a bit stiff as well, when nearing dusk on the third day we rode towards the mountain edge and saw the brown prairie laying far down below us. That day Mr. Wood and I had increased the pace forward, so we thought our party would have difficulty in catching up with us. We had resigned ourselves to spending the night in the open and had therefore saved some of our packed lunch.

As we stood there and saw the prairie lying there more than 2,000 feet below us, we decided to try to get down before darkness fell in earnest. However, it seemed we were so exhausted and irritable over not having arrived earlier — that is to say, we were in such a mood that we fell out over, which way we were to take to get down. And this was something that had not occurred throughout the whole of the expedition. I insisted on one way, and he on another — with the result that we each went our own way.

My way led down a slope through the pine forest, where there were many bear, cougar and deer tracks in the snow. Prospects did not look very good. I was left to myself and had to manage both my horse and me, and I had no other shooting weapon except for my pistol that I used to shoot grouse — a bird similar to the black grouse. Now it depended on using a tactic, and it was as follows: On the snow covered slope there were some boulders sticking up, which luckily were not frozen fast, so I could loosen and roll them down. They made a terrible noise that increased as they rolled downwards. Then I listened until all was quiet — and then I stumbled down with the horse, more sliding on my backside than walking. When we had gone a distance down, we repeated the boulder rolling. And finally we were down at the bottom of the steep terrain by a river, drenched in sweat.

After having watered the horse I let it loose and let her graze on the half withered grass, which probably was a real treat for her after a starvation diet for several days. For myself I pulled my packed lunch out that I had saved; we were now clear of the snow, so the thought of camping outside was not so daunting. As I sat there eating and chatting to my much-loved animal, which in these three months had been such a good friend to me, I suddenly saw a light on the other side of the river, though some distance away. The horse had also seen it. The light disappeared however, but not before I could take a compass bearing of where it had been.

As *Pussy* and I were somewhat refreshed, we could embark on our next task — to swim across the river. The water was icy cold, but we would soon warm up again when we reached the bank on the other side. As it now had become relatively dark I let the horse make her own way as it was used to — Indian pony that she was. And the course *Pussy* took was exactly after the compass; it was only for me to watch for the light. But it was not to be seen before we had ridden over a ridge where we practically fell right down on a prospector's mud hut. And as such we were saved. *Pussy*'s fine nose of course had smelled her way to where the hut lay.

An Indian camp in Montana. — Fra en indianerleir i Montana.
[1898] UW NA1318 [UWL]

When the prospector heard the noise he came outside and I received information as to where I was. I also learned that the distance to the nearest place to find overnight accommodation was about thirty English miles away. It was a distance that was impossible for me to manage at this time of day, unknown to the terrain as I was. And so the prospector invited me stay the night. After having taken good care of *Pussy* with lots of oats that the prospector had given me, I strode into his abode.

The hut had a dirt floor, and a sheet iron oven hung down from the ceiling, which was made from turf over wooden horizontal battens. On the one wall there was a small window that was facing the prairie, whilst on the hut's long wall there was a rather narrow wooden bed. The man was just boiling coffee and frying fish, and it was at this moment that he had been outside with the lantern to collect firewood that *Pussy* and I had seen the glint of light, which became our guiding star.

As I felt that my comrade would also soon come down onto the prairie I asked if I could put the lamp in the window and take the lantern outside with me to go out and call in the hope that Mr. Wood could hear me. And sure enough — one and a half hours later we had him safely inside with two newly shot grouse. You see, he had a rifle with him. The birds were quickly plucked and then into the fry pan, and so there was a feast in the hut.

That night Mr. Wood and I spent on the bare dirt floor with nothing over us except for our jackets. We could have taken the horse blankets we used under the saddles, but I had tried this previously one time and thought I would suffocate from the stench of the horse sweat.

Still, we had a good night's sleep anyway, and early the next morning we were off to the nearest railway station as our objective. At our arrival, we looked a little more ragged than we had wished, but a good bath, a visit to the barber and a good feed with beer and drinks worked wonders. And when our party arrived in the evening, we met them as smart looking as any two of the town's citizens.

Neither people nor horses had it good the previous night. The dark had fallen before they reached the descent, and so they had to camp on top of the mountain. And there had blown up a blizzard so that the tents had been blown over.

The expedition had been an interesting adventure. — Good and worn out I was after all the climbing with the big camera (including glass plate negatives 24 cm x 30 cm) [9.4 inch x 11.8 inch], which I at least twice a week had to climb up the 12,000 – 12,500 feet high tops with. Normally they were difficult to climb up — and I was always alone.

When one is to live as such in the wilderness, there is no prospect to bring extra luggage like city clothes, so it was not actually just any town dandies who climbed onto the train for the trip home.

* * * * *

And so I was home again — to now embark on what had been neglected. And soon everything was back in order. The business had grown to such a point that I thought I could fulfill the promise I had given to my wife that she would take a trip home to Norway with all three children. And the next summer (1900) they left to be there through the summer and come back in the autumn. During their absence, I had more opportunity to travel around the country and take nature photos. I began to undertake to photograph the coastal Indians and their life, and because of this, I had to live among them. But fie — what filth! They lived like animals — they were full of vermin — aye, they were on the whole very uninviting. [This is a translation of a bygone era and is not the belief or thoughts of anyone connected with the publication of this book. *Translator*]

However, the inland Indians were something quite different. During surveying in Montana and Wyoming we often bumped into them. There specifically was a tribe called Nez

Perce — and among them an extraordinary little squaw, who made the loveliest moccasins for me. These Indians were proud, clean — and had such beautiful profiles with their powerful eagle nose.

* * * * *

Write home to mother — so many have promised and intended to keep — but there may have not passed many years before it became longer and longer between each letter. Most often the cause was probably the intense life out there — with working hours from six in the morning to six in the evening, which leaves little time or inclination to correspond, and one experiences little that would be of interest to those there at home. They lack things to write about — and the home and the land one left behind becomes more and more distant as the years pass.

If one is so lucky as to be married and one's wife has homesickness, there can still be hope of maintaining the correspondence and also the possibility to be encouraged to visit the Old Country.

My business forged ahead in a truly American enthusiasm, so much so that instead of doing all the work myself, I had three fully trained assistants in full time work, with ever increasing profits. This meant that I could fulfill my wife's wish to be able to take a trip to Norway with the understanding that she should come back to me during springtime.

With three children, whereof the youngest was just three years of age [son, Robert Charles Hutchinson Wilse, born 1897], she went unaided on a six-day journey using the railway through America and a twelve-day sea journey to Norway.

A doctor. Coastal Indian outside his hut made of driftwood — En «doktor». Kystindianer utenfor sin hytte av drivtømmer. [1900] Image scanned from Wilse's 1936 book.

Then her letters became to arrive — with admiration of how beautiful it was at home, and now and then with a pleasant remark as to — if not I could also come home and share with her this vision and joy — with the result that I assigned two of my assistants to run the business until I would come back in the spring.

So I bought a ticket to Norway, and on a dark October [1900] evening I disembarked from the *Hullerbåt* [a ship coming from Hull in England] by the railway pier in Kristiania [Oslo] after sixteen years of living abroad. And so I came home where I had grown up and to the capital city that had accepted me — to be tempted to embark on the work that would become my life's work: to study and know Norway and its beauty from behind a camera.

The lens is from ca. 1886 and is probably not the original lens. — Objektivet er fra ca. 1886 og er sannsynligvis ikke det orginale objektivet. [ca. 1902] NTM 9755 [DEX]

Original book cover from 1936. — Orginalt bok omslag fra 1936. [Deb Nelson Gourley]

forord — 1936

Ungdommen i våre dager klager ofte over at livet er hårdt og stridt; den kan ha godt av å få vite at det var adskillig mere slitsomt å leve for de fleste mennesker og for ungdommen av alle samfundsklasser i slutten av det forrige århundre. Men én fordel hadde den tids ungdom som ikke kan opveies av noen moderne komfort; verden lå ennu åpen for den, der var ennu arbeid nok å få for enhver som vilde spytte i nevene og ta fatt av alle krefter, der var chanser for alle og en fremtid for alle pionérer.

Fotograf A. B. Wilse [født i 1865] er en pionérnatur. Opvokset i Kragerø [Telemark] som offiserssønn vokset han op i friluft både på land og sjø, han tok hyre som dekksgutt på en seilskute og matros på en damper, han blev tekniker på Horten, og da han ikke kunde finne en stilling i fedrelandet, emigrerte han med gamle «Thingvalla» til Amerika, stuet sammen med de andre emigrantene som kveg i et fjøs. Han forteller i denne boken om alt dette og om sitt strev med å finne jobber derover, om skuffelser og savn, om tungt arbeid og eventyrlige oplevelser.

Fotografikunsten gjorde i de årene kjempesteg fremover, og Wilse fant omkring århundreskiftet sitt yrke som friluftsfotograf i Seattle [Washington]. Også dette er en pionérvirksomhet, for friluftsfotograferingen har mere enn noe annet erobret naturen for menneskene og ført landskapene inn i stuene og hver enkelts bevissthet. Når vi nordmenn idag kjenner hver bygd og hver egn i vårt land av utseende så godt som vi gjør, og når verden beundrer Norges natur, skyldes det i stor grad Wilses fotograferingsvirksomhet; han har vært en pionér og landnåmsmann også i vårt land [USA]. Denne boken forteller enkelt og likefrem om hvordan han blev det, og gir derigjennem et utsyn over en hel generasjon og et liv som nu tilhører historien, men er like spennende og interessant for det.

Emil Smith

forord — 2015

Å oppsummere og skrive om hva Anders Beer Wilse opplevde for over hundre år siden, er en krevende oppgave. Dette er jo kun en kort oppsummering av minner fra en mann som var i forkant av teknologi og kunst, uten egentlig å være klar over det før han ble nesten 40. Wilse hadde ikke bare et talent, men ble også drevet av overlevelsesinstinkt, innovasjon og dristig ånd, en ekte pioner. I dag er slike mennesker kalt gründere, men i de dager trengte du mer enn bare en idé.

Mye av det opprinnelige 1936 forordet står fremdeles sant i dag; for vi tror alltid at de unge i neste generasjon har liten forståelse for vanskelighetene de nåværende eller tidligere hadde.

Min tipp-oldefar A. B. Wilse dedikerte en bok til Severin Finne, en god venn og Olympisk fekter, (far til Ferdinand Finne, kunstner) i broken skrev han: "Den er intet dikterverk men god nok til at slaa en time ihjel med."

Jeg ønsker deg en gledelig time.
Hjertelig hilsen fra,
Anders Beer Wilse
tipp-oldebarn (med samme navn)

At jeg som voksen først kom inn i jernbanebygging og siden over i friluftsfotografering har uten tvil sin oprinnelse i det herlige, ubundne friluftsliv jeg levde som gutt i fødebyen, både ute på sjøen og inne i landet.

Jeg var ikke store karen før jeg som alle gutter der nede i sørlandsbyen begynte å klatre i heiene og ferdes ute mellem skjærene. Og jeg var vel ikke mer enn 12 år da far forærte mig et haglgevær. Dette og en liten kogg som målte 9 fot [2¾ meter] i kjølen, gjorde at jeg kunde skaffe mangt et stykke vilt til huset. Med geværet og en primitiv fiskestang som jeg kappet i skogen, tumlet jeg meget om i heiene bak byen og innover landet — og skulket nok skolen av og til når været om høsten var fristende fint. Da kunde det nok også hende at en barhytte blev mitt nattekvarter — til skrekk for mor når jeg ikke hadde sagt fra — en ting jeg ikke godt kunde gjøre når jeg hadde skulket. Men jeg kom da som oftest hjem med fugl nok til huset — og litt til. En gang hadde jeg imidlertid hatt lite hell, hadde bare fått et par nøtteskriker. Det var om høsten og ungkråkene var fete, så de skulde være god kost. Jeg skjøt derfor et par, plukket dem fint, bar dem hjem og presenterte dem som ryper for mor. Nu fantes der riktignok ikke ryper på de kanter av landet, men mor tok det for god fisk og stekte dem efter alle kunstens regler. De blev servet og nydt med synlig velbehag. Selv spiste jeg nøtteskrike. Først dagen efterpå fortalte jeg sannheten, men da var det litt for sent å få brekningsfornemmelser.

Men det var ikke bare til lands turene mine gikk. Nei tvert imot — det var på tokter ute i ytterste skjærgården at jakten på ender og alker foregikk. Det kunde hende at jeg efter et døgns fravær med den lille, lettseilte koggen min kom hjem med så meget fugl at den måtte fordeles til våre bekjente.

*Tracklaying — Laying last rail on main line, west side, Summit, Washington.
— Nedlegging av siste skinne. [1892] Wilse No 11 & SHS 11033 [MOHAI]*

Cut at Station 780 main line, west of Summit, Washington.
— Avbrudd ved stasjon 780. [1892] Wilse No 12 & SHS 11026 [MOHAI]

I 12-års alderen — da jeg hadde fått mitt haglgevær — fikk jeg også være med på harejakt. Mine jaktkamerater var voksne menn, ja, en av dem var sogar byens politi. Det var en herlig jakt — syntes jeg — bare det ikke hadde vært det med den akevitten. Vi måtte ro fra byen ved 3-tiden om morgenen, og da var det å dra avsted på fastende hjerte, da jeg ikke vilde purre pikene for å lage i stand frokost til mig. Vi hadde ikke rodd lenge før akevittflasken kom frem, «for å få varmen i skrotten», som politiet sa. Og jeg måtte være med — jeg var jo voksen jeg også. Men du skrekk hvor jeg syntes den kvalmet og slet ned gjennem tarmene! Ja, det var dette med dram i båten og dram ved «toten» når haren skulde åpnes som gjorde at jeg i mange, mange år ikke orket lukten av akevitt. Og nu når jeg skriver dette, står den ennu for mig den gruen det var å stikke ut drammen på fastende hjerte i den råkalde morgen på fjorden.

Men det var ikke bare jakten som optok mig; jeg var også svært glad i å stelle med dyr. Og når jeg nu ser småfuglene flagre i kornneget utenfor huset, går tankene tilbake til alle de dyrene jeg fikk stelle med så meget jeg lystet i min barndom. Duer og kaniner hadde jeg fra jeg var en neve stor, når det sted vi bodde tillot den slags. Duehusene og kaningårdene snekret jeg selv, for far var interessert i at jeg skulde lære praktisk arbeide og skaffet mig tidlig verktøi.

Når det led utover høsten, blev soveværelset mitt gjerne nærmest et menasjeri. Jeg hadde ekorn, lemen og dompapper i hvert sitt bur. Ekornene fanget jeg på den måten at

Great Northern Railroad switchback, west side, Cascade Range, Washington.
[circa 1898] Wilse No 437 & 1988.33.212 [MOHAI]

jeg ladde mitt munnladningsgevær med gule erter og skjøt dem så de falt ned i svime. Så var det å løpe til å ta dem ved halen og legge luen over hodet på dem for at de ikke skulde bite mig. På den måten bar jeg dem hjem. Men det var en lang og vanskelig affære. Av og til kunde jeg være så uheldig å snuble, og — vips! vekk var det; eller det kunde hende at halen jeg holdt i røk av og jeg blev stående igjen bare med en hårdott i hånden.   Rett som det var måtte jeg også skaffe mig et nytt ekorn fordi jeg selv eller piken ved uforsiktighet hadde sloppet det jeg hadde ut av buret.

Når jeg hadde hatt et ekorn i bur et par dager og fôret det godt med hasselnøtter, begynte det å bli så vidt tamt at jeg kunde stikke hånden min inn til det og mate det. Så kom tiden til at jeg kunde la det komme ut i værelset, og da var det jo stor fornøielse. Det blev så tamt at det kom og fant nøtter jeg hadde gjemt bort, særlig i trøielommen. Så snart det blev sloppet ut, kløv det op på mig og stakk ned i lommen. Av og til kunde det hende at det fôr inn i dagligstuen, men det likte ikke mor, da det anrettet skade i blomsterpotter og på gardiner. Men det var til glede for far når han kom hjem fra kontoret og det lynrapt stakk ned i trøielommen hans. Når våren meldte sig, slapp jeg det ut, og det samme gjorde jeg med de andre dyrene jeg hadde.

Sammen med en nabogutt hadde jeg en gang en tam skjære, som vi hadde opdrettet fra den var ganske liten. Vi kalte den «Jakob» — og den kjente navnet sitt og den måten vi brukte å plystre på for å tilkalle den. Den fikk lov til å være ute hele dagen; men når det begynte å skumre, kom den hjem og satte sig på lyktestolpen utenfor vinduet og skrattet, og hvis den ikke blev hørt, hakket den på vinduet. Før jeg gikk på skolen om morgenen, slapp jeg den ut igjen.

West side power plant, Great Northern Railroad, Stevens Pass, Cascade Range.
— West side kraftverk. [circa 1898] Wilse 435 & 1988.33.214 [MOHAI]

Men de morsomste av alle dyrene våre var to revunger som vi hadde temmet så de var som tro selskapshunder. Når vi tok geværet og slapp dem ut av gården sin, fløi de rundt oss akkurat som hvalper. Og så bar det avsted. De stakk op i heien i et blunk og forsvant. Så snart vi kom op i skogen, var de ved siden av oss igjen og fulgte oss trolig. Men så snart de merket at der var andre mennesker i nærheten, stakk de av og kom ikke tilbake før de følte sig trygge. Skjøt vi en fugl — en trost, en nøtteskrike eller lignende, fløi de straks bort og forsynte sig av byttet, som de delte på broderlig vis. Men jeg søkte alltid å redde de blå vingefjærene på nøtteskrikene til hattepynt til mine søstre og deres venninner.

Foruten jakten, livet i heiene og våre venner, dyrene, var det badningen og klatringen ombord i alle skutene som kom innom eller lå i oplag, som optok oss gutter der nede i sørlandsbyen.

Som ganske liten hadde jeg en sann redsel for badning. Dette skrev sig antagelig fra at min far tok mig med til et badehus hvor solen nesten aldri slapp til, og hvor der var kaldt og klamt å klæ av sig. Når dette var gjort, var det å henge sig på ryggen til far som kastet sig ut. Og da gjaldt det å klamre sig ordenlig fast hvis jeg ikke vilde risikere å gå til bunns, for der var brådyp rundt omkring.

Men så en sommer fikk jeg besøke far på Graatenmoen, hvor han var kaptein og hadde sitt eget telt. Der blev jeg anbragt i en tom pistolkasse som stod på bukker under skrivebordet. Av den grunn kalte offiserene mig «Pistolen».

Hver formiddag blev mannskapene sendt ned til Skienselven for å bade, og der var det jeg lærte å svømme. Jeg vilde ikke være dårligere kar jeg som kom fra en kystby enn guttene oppe fra dalene.

Index, Washington. — Construction town — Anleggsby. [circa 1899]
Wilse No 801 & 1988.33.34 [MOHAI]

Da jeg kom hjem efter ferien, var jeg ikke lite stolt over å kunne kaste mig ut fra berg-rabbene og svømme om kapp med mine kamerater. Vi lå i vannet størstedelen av ef-termiddagen og gjorde alle slags karstykker i svømning. Hovedsakelig bestod de i å dukke og ta op ting fra bunnen på forskjellige dybder. Slik lærte vi å svømme under vannet med åpne øine. Det mest dumdristige vi foretok oss — og det grøsser ennu i mig når jeg tenker på det — var å svømme tvers under tømmerflåter som hang efter slepedamperne. Tømmer-flåtene var nokså brede, og jeg tenker med gru på det som vilde skjedd hvis vi ikke hadde kunnet holde pusten lenge nok. Men alt dette — klyvningen, balanseringen, og særlig svømningen under vann med åpne øine — kom mig til god nytte senere. Jeg var nemlig med i et forlis utenfor New-Foundland [Newfoundland], og da skyldtes min redning ute-lukkende praksisen fra guttedagene, selv om jeg på det tidspunkt var ute av trening.

Det er særlig et tilfelle fra guttedagene som jeg husker tydelig, og som jeg vil nevne. — Det var en søndag i desember at vi kløv rundt i riggen på skutene som lå side om side. Det største karstykke bestod i å klyve op i mastene og kysse kulen på toppen av dem, og vinner blev den som hadde klart å klyve op til de fleste. At det gikk stygt ut over søndags-klærne, tok vi ikke så nøie.

Når vi hadde kløvet til topps på de tre mastene på en skute, var det å hoppe fra skanse-klædningen over til den neste. Dette skulde jeg gjøre, men avstanden var for stor, og jeg husker at jeg visste jeg ikke vilde klare det. Men jeg vilde ikke være dårligere kar enn mine kamerater, hvorav enkelte allerede hadde kommet sig over. Jeg hoppet til, men nådde ikke frem og gikk så ned mellem de to fartøiene og langt under i det iskalde vannet. Jeg

The Klondike Fever Queen leaving Seattle, Washinton. — Dampskipet «Queen»
forlater Seattle for Klondike. [1898] Wilse No 278 & 1988.33.116 [MOHAI]

husker ennu at jeg så den grønne kobberhuden under bunnen på den ene skuten, da jeg hadde falt skrått og derved kommet innunder. Nu var det øvelsen i å holde øinene åpne som hjalp mig; jeg visste hvor jeg var og hvor jeg skulde svømme hen for å komme til overflaten. Høiden på et slikt tomt skib er ganske stor, så jeg var kommet godt under. Men endelig kom jeg op i det åpne rum mellem de svaiende skrog, og av guttene som kastet en tauende ned til mig, blev jeg halt op hurtigst mulig for ikke å risikere å bli klemt flat hvis skutene drev sammen. Så var det å få vridd av sig det meste av vannet og op i riggen igjen for å få varmen i kroppen.

Ved at vi stadig fartet ombord på skutene fikk lengselen efter å dra ut med dem næring. Og da jeg var tretten år, fikk jeg anledning til å bli forhyrt som dekksgutt på en tur i sommerferien med en stor islastet brigg, som hadde to «royler» (øverste råseil). Vi skulde være to dekksgutter, en bondegutt og jeg. For mig falt arbeidet ombord lett og naturlig, men for den andre dekksgutten — stakkar — som så sjøen for første gang, falt det tungt og stritt. Bare det å klyve i riggen var ingen lett sak for ham, og det var ikke noe karstykke av mig når kapteinen kommanderte begge «royler» fast, å bli første mann op og få min «royl» beslått lenge før kompissen min var nådd op engang.

Scene along Railroad Avenue. —Railroad Avenue.
[circa 1898] Wilse No 333 C & SHS 2500 [MOHAI]

På turen var det herlige dager med løi bris, og med mange dorgesnører ute efter makrell, gled vi sakte mot den engelske kanal. Vi var islastet og bestemt for Hastings, hvortil halve lasten allerede var solgt, mens den andre halvdelen først skulde selges når vi kom over. Der var ingen brygger å legge til ved Hastings, så vi måtte ankre op på reden og laste isen over i lektere som så blev trukket op på stranden. Skulde vi i land, måtte noen av oss ut i sjøen og hale båten klar av brenningene. Vi hadde fått en stor, staut kar ombord som los. Han hadde fattet en klokkerkjærlighet til mig, og når vi skulde i land, vasset han ut og tok mig på skulderen. Som påmønstret kar måtte jeg være med guttene op til baren og få mine drinks jeg også. Og stor opstandelse vakte det en dag da jeg efter en landlov ikke møtte op ved båten vår for å ro ombord. Det blev lett alle steder til sent på kveld. Da fant min beskytter, losen, mig sovende tungt på stranden efter gildet. Der var alltid mange folk nede ved båten vår, for det blev sagt at vårt fartøi var det største som hadde ligget på reden med last. En dag sprang der op en farlig pålandskuling, og da måtte vi la ankeret gå og sette seil hurtigst. Ankeret fikk vi senere jobben med å fiske op igjen.

Da halvparten av lasten ikke var solgt, seilte vi senere fra havn til havn, til stor glede for mig, som på den måten fikk se både Folkstone, Deal og Margate.

Og så kom jeg hjem igjen, lastet med gaver fra England — vesentlig ting som var noe helt nytt for småbyen. Jeg følte mig som fullbefaren mann.

Da jeg var 17 år, forlot jeg byen for å gå på Hortens tekniske skole, og efter avgangen fra den blev jeg om vinteren maskingutt på Østlandske Lloyds passasjerbåt «Memento», som gikk mellem Kristiania og Antwerpen. Det var ikke nettop det morsomste liv å ligge og daske i Nordsjøen på en vinterdag. En gang hendte det at vi fikk slikt motvær at vi begynte å råke op for kull og delvis måtte fyre med lasten, som bestod av tremasse. Når vi

N. A. T. & T. Co's steamer Roanoke's load of nearly 4 million dollars. — Roanokes last på nesten 4 millioner dollar. [1899] Wilse No 420 & 1988.33.234 [MOHAI]

kom til Antwerpen, hadde vi maskinfolk et tungt arbeide med å bære i land alt oljeavfallet som jeg skrapte op fra bunnen og likeledes all slagg fra kjelene. Men så fikk vi oss en opfriskning ved hver vending. Der gikk nemlig søte piker — rene og nette å se til — og bød oss av geneverflaskene som de bar i en kurv på armen. En genever og et smil gjorde godt mot såre skuldrer.

Sommeren 1884 sluttet jeg imidlertid farten, da jeg gjennem innflytelse kunde få ansettelse på tegnekontoret på Nylands Verksted. Men da jeg efter en ukes arbeide spurte hvad lønnen var, fikk jeg det svar at jeg måtte være sjeleglad over å få arbeide der uten noen lønn. «Nei,» sa jeg, «gi mig ti øre dagen, så skal jeg bli, men uten noen lønn — ellers takk!»

til Amerika
overreisen med «Thingvalla» — de første jobber

Det er ikke noe som er spesielt for våre dager at det er så vondt for ungdommen å få arbeide her hjemme — det har vært slik før i tiden også. Men vi som var unge den gang hadde den fordel at det ikke var forbundet med noen vanskeligheter å utvandre. Og da jeg hadde sagt farvel til Nylands Verksted, bestemte jeg mig til å ta dette skritt. Jeg reiste hjem, snekret selv min reisekoffert og min håndkoffert, og utstyrt av mor som jeg skulde til Nordpolen, drog jeg fra barndomsbyen i midten av oktober 1884 for å forsøke å skape mig en fremtid i Amerika.

United States Assay Office employees, 617-619 9th Ave — De Forente Stater Edelmetall kontroll ansatte [circa 1898] Wilse No 379 & 1988.33.163 [MOHAI]

På Kristiania havn lå «Thingvalla» til ankers for å sluke mig og mange andre nede på banjen (underdekket). Det kostet penger å komme sig over, og da far var den som måtte ta støiten, var det ikke tale om annet enn at emigrantplass var god nok. Jeg var ung — nitten år, frisk og sjøvant — så hvorfor bruke unødige penger til billett?

Før jeg gikk ombord var jeg rent tilfeldig blitt kjent med to jevnaldrende som også skulde avsted, og vi slo oss da i kompani. Sengklær og spisesaker måtte vi holde oss selv, og for sikkerhets skyld tok vi også med oss litt gotter som pølsesnabber og ostebiter. Over hele banjen var der satt op jernsenger i to etasjer. Der var ingen adskillelse av kjønnene. Vi blev nærmest betraktet som kveg, og både maten og behandlingen var deretter. Den eneste forskjell var at vi lå, mens kveget pleier å stå. Men som unge, glade gutter fant vi oss snart til rette og led ingen nød. Det manglet jo heller ikke på mange morsomme episoder, hvorav jeg bare skal nevne én:

I den ene raden langs efter skibet (der var tre) lå en Telemarksbonde med familie, kone og barn. Stoler eller benker fantes ikke der nede, og når vi satt på køiekanten vår og spiste, hadde vi bondefamilien rett overfor oss. Og der var noe denne familien spiste, som fikk våre tenner til å løpe mer og mer i vann eftersom vi fjernet oss fra Norge. Det var gode, brune vørterkaker — og han hadde en hel potetsekk full. Hvordan i all verden skulde vi få tak i noen av de kakene?

Vi begynte med parlamentering og bød ham 25 øre stykket. Butikkprisen var den gang 20 øre. Men nei — han vilde ikke selge. Vi fikk da forsøke oss på en annen baug, for vi hadde satt oss i hodet at kaker skulde vi ha. Og da bonden foruten å være eier av kakene var en utekkelig, kranglevoren kar, besluttet vi å spille ham et puss.

Av stuerten hadde vi kjøpt noe hvit ost som var meget billig. Når vi spiste, gasset vi oss ordentlig med den hver gang bonden så på oss, for på den måten riktig å vekke hans begjær. Og det varte ikke lenge før han falt for fristelsen. Det blev byttehandel, og vi fikk seks vørterkaker for ost som hadde kostet oss 40 øre. Vi hadde vunnet en seier; men vi nøide oss ikke bare med den.

Moran Brothers Company shipyard Seattle, Washington, building
12 Yukon steamers. — Moran Brødrenes verft, bygging av 12 Yukon dampskip.
[circa 1898] Wilse No 670 & 1988.33.271 [MOHAI]

Hver mandag blev dekket der nede såpevasket, likesom det den dag vanket fersk suppe og utkokt kjøtt. Serveringen gikk for sig på den måten at der blev båret ned en stor tinn-beholder som blev plasert på luken til lasterummet. Så måtte vi møte op med blikkspann og blikktallerkener og få tildelt våre rasjoner. Nu hendte det en gang at vi hadde litt sjø, så båten rullet en del. En av mine venner hadde nettop fått fylt vårt spann for tre personer, da båten tok en overhaling. Han lot som han gled på det våte såpedekket, og for å få balansen igjen svingte han spannet rundt og lot det deise rett i hodet på bonden som stod i nærheten, med den følge at han fikk den skollhete suppen ned over ryggen, mens kjøtt og poteter trillet frem og tilbake på dekket.

Naturligvis var det ikke planlagt — får vi si. — —

Når sjøen tiltok, blev lukene lagt på. Og den luften det da blev der nede på banjen er ubeskrivelig; grønnsåpelukt blandet med kål og kjøtt, for ikke å snakke om stanken fra alt det de stakkars passasjerene gav fra sig. Ja, ja — de var jo også bare norske emigranter på en dansk båt.

* * * * *

Efter vel 14 dagers reise var vi fremme i New York. Og aldri hadde jeg drømt om at jeg ennu en gang skulde komme ombord i gamle «Thingvalla». Men det er en annen his-torie.

Vi var i gullets og frihetens land. Men den første smak vi fikk på den lovpriste frihet syntes vi ikke akkurat det var noe å reise en kjempestatue for ved inneseilingen. Som kveg blev vi drevet i land på Castle Garden — emigrantstasjonen. Og som skumle forbrytere blev vi visitert, skubbet og stuet sammen, inntil de syntes de hadde fått nok av oss og endelig slapp oss ut til frisk luft, ordentlig mat og renslighet.

Dog team outside Times Building. — Hundespann utenfor Times Building.
[1898] Wilse No 547 & SHS 11037 [MOHAI]

I New York hadde jeg en venn som var på Funch og Eddys kontor. Og vi bestemte oss til sammen med ham å se litt av byen før vi skiltes og drog til hver vår kant. Litt skole-engelsk kunde vi, men vi torde ikke bruke det uten vi var tvungne til det. Når vi gikk på restaurantene for å spise, valgte vi alltid de stedene hvor der hang skilter med opgave over hvad de serverte og med prisen angitt. Vi kom oss ikke til å forsøke annet enn roast beef, for det visste vi hvad var, og så behøvde vi bare peke på skiltet. Men roast beef to ganger om dagen i tre dager blev litt ensformig. At vi var «greenhorns» (grønnskollinger) fikk vi et slående bevis for en dag. Ved ferjen over til Brooklyn stod en mann og solgte bananer, en frukt som den gang var helt ukjent i Europa. Passasjerene kjøpte villig vekk og fikk sin pose. Hvorfor skulde ikke vi også? Og så snart ferjen begynte å gå, forsynte vi oss med hver vår banan; men vi kom til det resultat at skallet var forbannet seigt å tygge.

Mine to kamerater fra overreisen hadde billetter til byer i øst-statene, mens jeg var på det uvisse med hensyn til hvor jeg vilde dra hen. Jeg hadde en slektning i Minneapolis og en anbefaling til en apoteker ute i Dakota, en bror av min venn «politiet». Men da jeg tok en beslutning, blev det til at jeg vilde gjøre en stans underveis i Milwaukee [Wisconsin], den gang en by på ca. 100 000 innbyggere, og forsøke min lykke på hvad som helst. Der var store sagbruk og verdens største ølbryggerier.

Og en dag reiste jeg av gårde på emigranttog. Det var det billigste — men langtfra noe hurtigtog — så hvis man skulde regne sin tid i penger, og den maten en er nødt til å ha med, var det oplagt tap å ta det. Og det var en reise på noe over 4 dager, uten annen sove-plass enn rett op og ned på benken.

Da jeg kom til Milwaukee tok jeg inn på et svensk boarding-house. Her fikk jeg et lite kott hvor der så vidt var plass til en feltseng, en stol og et bord med en liten parafinlampe på. Det var i skumringen jeg kom dit og fikk anvist dette «værelse», som skulde koste 2 dollar dagen — en pris som vilde skaffet mig værelse på «Grand» hjemme.

Steamship Australia leaving Seattle. — Dampskipet «Australia» forlater Seattle.
[1898] Wilse & Kirk No 282 & UW SEA2679 [UWL]

Jeg hadde vært modig på hele turen hittil, men her brøt jeg sammen. Jeg følte mig så aldeles alene og ulykkelig at jeg kastet mig på sengen og storgråt. Men det var første og siste gang jeg gråt av forlatthetsfølelse eller hjemlengsel, det gjaldt senere å bite tennene sammen.

Neste dag var jeg tidlig oppe for å by mig frem til arbeide på de forskjelligste steder; men om aftenen kom jeg trett og skuffet tilbake til mitt kammer. I tre dager holdt jeg det gående uten noe resultat, og til slutt var min pengebeholdning skrumpet slik inn at jeg med nød og neppe kunde skrape sammen nok til en emigrantbillett ut til Milbank i Syd Dakota. Dette var bare en 2 dagers tur, og veien gikk gjennem Minneapolis, hvor en tante av mig bodde. Det var unektelig fristende å stanse og forsøke sig der; men ved nærmere eftertanke fant jeg ut at jeg bare vilde bli til mer eller mindre plage. Nei, nu hadde jeg kastet broene av, og hvis det gikk galt hos apotekeren i Milbank, så måtte det vel være råd å få noe å gjøre, om det så var på en farm.

Og så kom jeg en dag til Milbank — en liten by på kanskje en 500 sjeler, en av de ytterste stasjoner på en bane som strakk sig utover den flate, endeløse prærien. Apotekeren tok ganske elskverdig imot den uventede gjesten da han hadde lest introduksjonsbrevet fra sin bror. Jeg fikk bo i et lite bakværelse i apoteket og fikk bragt inn min reisekoffert, som jeg så å si ikke hadde sett siden den gikk ned i «Thingvalla»s lasterum i Kristiania, vel forsynt med tykk surring og låser. Jeg hadde bare så vidt sett den under fraktningen fra Castle Garden til jernbanestasjonen. Det amerikanske check-system for bagasje er glimrende. Man går på stasjonen med sin koffert og får den «checked», og så ser man den ikke mer før ved bestemmelsesstedet, selv om den må gå over mange forskjellige linjer.

Transports for the Philippine Islands. Garonne and Athenian in Elliott Bay. —
«Garonne» og «Athenian» i Elliott Bay. [1899] Wilse No 459 & 1980.6967.6 [MOHAI]

Loading horses on the Garonne. — Lasting av hester på «Garonne».
[1899] Wilse No 484 & 1980.6967.34 [MOHAI]

Kofferten min så jo nokså medtatt ut, da den ikke var beregnet på å tåle den brutale måten bagasjen blir behandlet på der borte. Det var bare så vidt den holdt. Hadde det ikke vært for den sterke surringen som var gjort på god sjømannsvis, hadde jeg nok ikke sett mer til den.

Innholdet så også nokså skrøpelig ut. En krukke bringebærsyltetøi som mor hadde anbragt i en pensylvanskinnslue, var knust og hadde syltet til alle sine omgivelser, og de hjemmebakte tebrødene var forvandlet til bare smuler som hadde fordelt sig over og i alt. Merkelig nok var min hvite turndrakt skånet for syltetøi, og heldig var det, for utpå vinteren gjorde jeg stor lykke i den ved et maskeradeball på rulleskøiter. Den sporten gikk den gang som en farsott over vestens stater. Hver eneste filleby måtte anlegge store skøitehaller, men så var det nu også omtrent all den adspredelse en hadde om kveldene.

Hos apotekeren blev jeg straks satt i arbeide. Først var det å få fyrt op både i butikken og kjøkkenet om morgenen, så å feie og vaske gulver. Der var ikke noen tjenestepike, til tross for at familien bestod av tre barn foruten de voksne. Når dette var gjort, var det å ta fatt på å skylle flasker, slå op kasser, hugge ved og bære inn vann, og var der tid til overs og været var fint, måtte jeg mosjonere de tre små som var i alderen fra 4 til 9 år. Fruen var tysk, og den daglige konversasjon gikk derfor på tre sprog, hvorav de to nærmest blev knoting for mitt vedkommende.

Da jeg hadde vært her en måneds tid, fikk jeg jobb som diskenspringer hos Erlandson og Johnson, to svenske bondegutter, som hadde slått sig op så de hadde stedets største butikk. I denne forhandlet de all verdens ting, fra korn, poteter og kalk til silketøier, klær, kolonial, skotøi og stentøi. Lønnen jeg fikk var 25 dollar måneden samt kost og losji. Butikken var 60 fot lang og 25 fot bred med to disker etter langveggene. Midtpartiet, hvor der stod en kolossal rund ovn, bruktes om formiddagen meget til utpakning av bøndenes varer, vesentlig egg og smør, som de byttet i forskjellige andre ting. Vi tok også forskjellige slags skinn i bytte. Og en gang kjøpte vi seks tusen moskusrotteskinn på ett brett av noen indianere. Vi betalte dem med 6 cent stykket.

I bakgrunnen av butikken var der en liten glassinnfattet avdeling som kaltes kontor, mens en annen del var optatt av sirupstønner og petroleumstanken. Der var anbragt en håndpumpe på den; men om vinteren hendte det ret som det var at petroleumen frøs til en grøt, og da måtte vi bruke en jernøse. Kulden kunde være forferdelig der ute, helt ned i ÷ 52° Fahrenheit [-46.67° Celsius]. Og da der alltid blåste en sterk vind og husene var så dårlig bygget at de stod og svaiet så meget at ting ramlet ned av veggene, var det ikke så rart at selv petroleumen frøs. Eddiktønnen måtte vi ofte brekke bunnen ut på, hugge eddiken op i biter og tine den op.

Å fyre op i dette svære rummet om vinteren var en fæl jobb. Til å nøre op brukte jeg et svært fange med kassebord, så halm, papir og en liter petroleum på toppen av det og så to tromler med kul. Dette gav en fin start; men utover dagen måtte der stadig fylles på, og allikevel var det så kaldt nedover langs diskene at vi måtte ha tykke ragger på benene og vinterfrakk og vinterlue. Hendene måtte vi ha klar til arbeide, men klakne blev de.

Min egentlige jobb var å ekspedere, men jeg hadde ikke vært der lenge før jeg også måtte overta bokførselen, da jeg blev alene med eierne. Jeg begynte mitt arbeide klokken 7 om morgenen og holdt det gående til 10—11 om aftenen før jeg var ferdig med bøkene. En times lunsjpause var all den fritid jeg hadde.

Når kulden satte inn i midten av desember og den var på sitt verste, kunde jeg ligge om natten og høre den nakne jorden slå sprekker med smell som små kononskudd. Sneen fikk aldri anledning til å legge sig jevnt utover, men den føk sammen i fonner, så store strekninger var snebare. En gang jeg var syk, hadde jeg fått noe medisin som stod på bordet ved sengen. Hovedbestanddelen var vistnok alkohol, men flasken bunnfrøs og sprakk om natten. Værelset mitt, som lå over butikken, var i det hele tatt så gissent at det ofte hendte at teppene oppe ved hodet var rimet og delvis frosset sammen.

Om aftenen var butikken samlingssted for en del av byens fedre, som da slo sig ned på pinnestoler med benene oppe på en jernring som gikk rundt den store ovnen. Denne var ofte rødglødende, og det forundret mig at de ikke brente op støvlene sine. Her satt de da og snakket om dagens begivenheter og diskuterte sine oplevelser med indianerne, mens de skrådde og spyttet. Spyttebakker hadde vi diverse av, og det var fabelaktig hvilken øvelse de karene hadde i å plasere strålen midt i dem selv om de stod flere fot borte.

Min første jobb om morgenen var som sagt å fyre op og derpå feie gulvet med en riktig stiv piasavakost som fikk med sig det verste. Noen daglig vask var der jo ikke tale om; men en gang i måneden leide vi en vannvogn som satte slangen på så gulvet fløt, mens vi med spader og skrubberter fikk løsnet den verste møkken. Når en tenker på alle bøndene som kom like fra landeveien med mer eller mindre jord fastfrosset til fottøiet sitt, og at denne jorden tinte op inne i butikkvarmen og blev tråkket ned sammen med tobakksspytt, aske, halmstubber og annet avfall fra bøndenes varekasser, så er det ikke så rart at skitten dannet svære ujevnheter i gulvet.

Julaften tilbragte jeg sammen med den norske doktor på stedet, herr Thon — en av den gamle, gode typen, tykk og lun og med store bakkenbarter. Han holdt sig selv med kosten, og han hadde i anledning høitiden holdt oprydning i kontoret som også gjorde tjeneste som salong. Og da jeg langt på kveld endelig var ferdig i butikken og innfant mig, luktet jeg lang vei hvilke retter vi skulde ha. Jo — det var så min santen får i kål — kokt på god norsk manér og med ekte Lysholmer til! Jeg skal si vi gasset oss! — Aftenen gikk i hyggelig samvær. Jeg fortalte og han spurte om Norge, hvor han hadde sin familie boende. Vi utvekslet presanger som ikke blev anbragt på noen julegran; den var nok for langt unda til å fraktes hit ut. Jeg forærte proviant, og han gav mig en flaske fin whisky. Og begge var vi glad over at vi ikke hadde måttet tilbringe denne årets efter min mening eneste høitidsaften alene.

på jakt efter ny jobb
St. Paul og St. Louis — på arkitektkontor og grenseopmåling

Endelig kom våren, og med den store flokker av ender, gråggjess og svaner. Når de kom trekkende om kvelden, var de som skyer for den nedgående sol, og de snadret så det hørtes lange veier. En hvit gåseart som kaltes «Brand» [?], dekket mange ganger marken så det så ut som sne. Merkelig nok var der få eller ingen som skjøt dem og forstyrret dem på deres valfart mot nord. Anderledes var det under høsttrekket; da kom der hele jakttog ut fra Minneapolis, og de kunde efter et par dager reise tilbake med tusener av fugl. Det var et myrderi som naturligvis ikke kunde bli uten følger — noe som også har vist sig med tiden. Denne fugleart skal nu praktisk talt være utryddet.

Med vårens komme vokste utferdslengselen. Og da en skolekamerat nettop var kommet over fra Norge, blev vi enig om å forsøke oss i en av de større byene. Vi drog derfor ned til St. Paul, hvor jeg hadde noen bekjente jeg hadde fått gjennem butikken. Vi tok inn i et lite norsk pensjonat og forsøkte så hvad mitt bekjentskap var verd. Dessverre viste det sig at alt var vel og bra så lenge vedkommende kunde ha fordel av mig ved formidling av salg til Erlandsons og Johnsons butikk — men nu var det en annen sak. Jeg hadde ved denne tid lært mig så meget engelsk at jeg klarte mig godt. Sproget behøvde ikke lenger stå hindrende i veien — og det gav mot.

Vi måtte videre — og så drog vi ned til Chicago. Her fikk jeg ansettelse på et arkitektkontor, hvis vesentlige opgave var bygging av store kornsiloer, og min venn fikk jobb med å tegne abonnenter på en av byens aviser på provisjonsbasis. Hans inntekter blev ikke

Chinese crew making horse slings. — Kinesisk mannskap lager heste slynger.
[1899] Wilse No 500 & 1980.6967.40 [MOHAI]

store, men når vi slo dem sammen med min lønn, klarte vi de daglige utgifter, som selvfølgelig måtte bringes ned på et lavmål. Vi holdt oss selv med frokost og aften, der bestod av speilegg og bacon til frokost og biffstek til aftens. Undersiden av tallerkenen bruktes til frokostretten mens oversiden var biffens plass. Opvask tillot ikke tiden uten en gang om uken.

Da det var slutt på jobben min i midten av juli, tok reiselysten overhånd hos oss igjen, og vi pakket våre kofferter.

Vi tok toget ut til Des Moines [Iowa] ved Des Moines elven og løste her billett med floddamperen ned til St. Louis i Missouri. Gud vet hvorfor vi gjorde det — det har aldri stått klart for mig — men det var likesom noe drev oss dit. Vi vilde dessuten se landet, skjønt vi ikke hadde mer penger enn at vi ikke torde spise ombord på båten, men måtte op i de forskjellige byene hvor vi la til og kjøpe noe brød, smør og eplepai.

Reisen tok 2 døgn, og da vi steg i land i St. Louis, stod vi med 15 dollar i lommen. Fem av dem måtte vi ut med for den første ukes losji uten kost. Nu begynte sannelig alvoret å melde sig — hvor skulde vel inntektene komme fra? Her nede eide vi heller ikke noen venner eller bekjente — og norske tror jeg der var få av — så vi måtte stole helt på oss selv.

Den første natten i losjiet vårt gjorde vi bekjentskapet med den plagen som var så hyppig i Amerika, nemlig veggelus. Vi våknet begge om natten ved en bestialsk kløe, og da vi fikk tendt parafinlampen, opdaget vi at både lakenene og vi selv var blodige. Vi startet en nattlig jakt, og efter hvert som vi innfanget blodsugerne, slapp vi dem ned i lampeglasset, inntil det blev så fullt at lampen truet med ikke å fungere lenger. Så måtte

Cavalry Soldiers doing laundry. — Kavaleri soldater vasker klær.
[1899] Wilse No 483 & 1980.6967.24 [MOHAI]

vi ty til vaskevannsfatet. Efterpå forsøkte vi å ligge på teppet på gulvet, men der trodde vi formelig vi skulde bli bitt ihjel. — Og det var to trette, forbitte gutter som drog avsted om morgenen på jakt efter arbeide.

Det første vi gjorde var å få tak i et kart over byen. Så kastet vi oss over avisene for å lese annonsene om ledige poster, og så var det å jage hurtigst mulig av gårde med trikken til de opgivne adresser. Men vi kom naturligvis alltid for sent. — Det gjaldt å bringe utgiftene så langt ned som mulig, og for å spare å kjøpe aviser, satte vi oss i en lesesal i et av hotellene. Dette kunde vi trygt gjøre, da vi ennu var godt antrukne. Den ene dagen gikk efter den andre uten resultat. Men mat måtte vi ha — om enn aldri så lite. Og de pengene vi hadde, måtte vi reservere til å betale losjiet med. Nu var der i byen en hel del store «saloon»er — restauranter som bare serverte drikkevarer. Loven sa imidlertid at gjestene for å få servert drikkevarer også måtte ha spist noe der, og dette førte da til den humbugen at det stod en bakke med små, hårde kringler med salt på og en annen bakke med opskårne ostebiter på disken. Men så begynte de store «saloon»ene å konkurrere sig imellem, og det resulterte i at de serverte hele middager med suppe, kjøttkaker og andre retter. Meningen var at man efter å ha fått utlevert en porsjon mat skulde gå over til baren og bestille drikkevarer — selv om det ikke var mere enn et glass øl til 5 cents. Denne lunsj blev bare servert midt på dagen.

Penger til å drikke øl for hadde vi ikke, men vi hadde en ulvehunger når det gjaldt mat. Men hvordan skulde vi bære oss ad med å få fatt på den? Efter grundig overveielse gikk vi frem efter følgende plan: I hotellet hvor vi pleide å lese avisene var vi tidlig ute om morgenen og bemektiget oss det nettop utkomne vittighetsblad «Puck». Utrustet med dette og en skriveblokk fra hotellets skriveværelse styrte vi mot en «saloon» på en tid da vi visste der var mange gjester. Mens min venn søkte å overtale bartenderen til å abonnere på «Puck», var jeg borte og forsynte mig med mat — hvorefter vi begav oss til neste «saloon», hvor vi byttet roller. Dette holdt vi gående i flere dager, inntil vi skulde begynne runden igjen efter å ha hjemsøkt alle de «saloon»er som serverte varm mat. Men da blev vi gjenkjent, og en kraftig negerlabb i nakken og et velrettet spark i baken sendte oss ut på gaten i en viss fart.

Det var jo en sørgelig avslutning, men mat måtte vi ha. For å betale losjiet måtte vi efter hvert avsted til pantelåneren med hvad vi eide av verdier. Og av det vi fikk her, kunde vi ikke avse mer til mat enn at det blev seks rundstykker pr. dag — skyllet ned med det gule vannet som var så urent at i et glass blev det igjen en halv teskje sand på bunnen. Det var midt på sommeren, og der hadde vært en lengere tørkeperiode med en ulidelig varme — noe vi sannelig fikk føle — og det gjorde at Mississippi, som vannet blev tatt fra, hadde en usedvanlig lav vannstand.

I byen var der et stort marked hvor bøndene bragte alle sine produkter til torvs: grønnsaker og alle slags herlige frukter. Vårt første besøk om morgenen efter å ha tygget og skyllet ned to rundstykker hver, gjaldt derfor fruktmarkedet, hvor vi gikk rundt og smakte på druer, aprikoser og ferskener. Utstyrt med hver vår skriveblokk fra hotellet noterte vi selgerens navn, adresse og prisen, idet vi lot som vi var representanter for en avis. I mellemtiden — når vi ikke var på jakt efter føden, forsøkte vi oss på alle bauger for å få arbeide.

Der skulde anlegges en kabelbane i byen, og i den anledning blev der satt i gang et omfattende gravningsarbeide i gatene. Vi fremstilte oss til tjeneste for basen, men våre hender røpet at vi ikke var arbeidsmenn. Nede i Texas var der jernbanestreik. Vi fremstilte oss på hyrekontoret og gikk strålende derfra med løfte om neste dag å få jobb som fyrbøtere. Men da vi skulde undertegne kontrakten, var det igjen hendene som gjorde utslaget — og det til tross for at vi hadde griset dem til så godt vi kunde.

Vi fartet også om nede langs elven og bød oss frem til arbeide sammen med neger-mannskapet på båter som gikk opover mot St. Paul — men nei! —

Ute i villastrøket var der nesten alltid gressplener rundt husene. Og en dag besluttet vi oss til å opta ordre på å klippe plener. Vi vandret fra hus til hus og havnet til slutt langt ute i utkanten av byen, sårbente, sultne og utslitte på grunn av den ulidelige varmen. Vårt ut-bytte var to bestillinger — og en beskjed om å komme igjen neste dag. Anskaffelsen av en klippemaskin var rent i det blå — bare vi fikk bestillinger nok.

Vi slengte oss ned ved veikanten for å hvile ut; men vi torde ikke ligge der lenge av frykt for at mørket skulde komme over oss. Vi ante ikke i hvilken retning losjiet vårt lå. Mens vi lå der kom en dame kjørende forbi i en liten, lett jaktvogn — og hun beklaget at der ikke var plass til oss, da hun så at vi var slitne. Hennes vennlige ord stivet oss op — og hjemover bar det. Trettheten var over, og humøret var steget bare ved disse vennlige, sympatiske ordene hun lot falle.

Vi hadde nu vært i St. Louis i fire uker og var praktisk talt ribbet for alt utstyret vårt — uten at vi så noen utsikt til å få noe å gjøre. Gud vet hvor mange butikker vi hadde budt oss frem til arbeide i — vi hadde i det hele tatt forsøkt oss overalt hvor vi mente der kunde være den minste chance. Vi lå så visst ikke på latsiden — men både skotøi og krefter be-gynte å bli utslitt. Over Mississippifloden førte en bro over til den annen del av byen. For å benytte broen måtte man betale en avgift av 1 cent, og denne centen ofret vi nødig, da 1 cent var verdi for oss, men vi måtte til pers hvis vi vilde søke arbeide. Vel forsøkte vi ved knep å snike oss over, men kontrollen var for nøie. Det kunde da hende at vi stoppet op på broen og så ned i det rinnende, blanke vann, og jeg vet at jeg enkelte ganger var på fristelse til å kaste mig ut og få ende på kampen.

Så efter 27 år kom jeg atter til St. Louis, men da som handelsstandens gjest med inn-kvartering i byens flotteste hotell. Planters hotell med 2 hjørneværelser og bad til min dis-posisjon. Efter mitt foredrag om Norge som turistland med farvelagte lysbilleder der fikk smigrende omtale, blev der servert lunsj. Der var ca. 450 forretningsfolk til stede. På en estrade satt bestyrelsen med presidenten som hadde mig til bords. Jeg fortalte ham da efter

Makah Indian sailing canoe. — Makah indianer seiler i en kano.
[1900] Wilse No 1077 & 1988.33.25 [MOHAI]

den tale han hadde holdt for foredraget om mine oplevelser i hans by og broen — hvortil han ganske kaldt svarte: «such is life in the west», som at mine oplevelser var bare barnemat.

Til slutt måtte vi skrive til St. Paul til en bekjent av oss som var agent for jernbanebilletter. Vi bad ham om enten å sende oss penger eller billetter op til St. Paul. Han sendte billetter, og så bar vi våre kofferter, som inneholdt skittentøi som pantelåneren ikke vilde ha, den lange vei til stasjonen til knokene våre var ganske blodige av håndtaket.

* * * * *

Så bar det nordover. Det var en 3 dagers tur uten annen mat enn et franskbrød nu og da og noen vindruer vi kunne få nasket ut av den store stabelen med kurver som stod ved mange av stasjonene. Mer død enn levende kom vi tilbake til det pensjonat i St. Paul hvor vi hadde bodd om våren da vi kom ned fra Dakota. Vi kom dit om eftermiddagen midt mellem de faste måltider; men mat måtte vertinnen skaffe oss hurtigst — det tryglet vi om. På bordet i spisestuen stod et fat med årets første epler — noen grønne kart — men ikke før var damen forsvunnet i kjøkkenet før vi kastet oss over dem og slukte dem i digre glefs. At vi ikke blev syke er et under.

Ved kveldsmaten, som blev servert bare et par timer efter vårt første måltid, hadde vi også en strålende appetitt. Der var jo så meget som skulde tas igjen. Ved bordet stiftet vi bekjentskap med våre medlosjerende, som alle var av nordisk avstamning. Alle fire nord-iske land var representert ved karer av forskjellig profesjon, fra ingeniører og politimenn til sagbruks og veiarbeidere. Og vi var nok kommet akkurat i rette tid, for den norske in-geniøren trengte nettop to mann til et arbeide han skulde ta fatt på for et jernbaneselskap. Det gjaldt en grenseopmåling mellem de to byene St. Paul og Minneapolis. Vårt arbeide skulde avlønnes med to og en halv dollar dagen på egen kost, og det bestod i å grave noen cirka 3 fot dype huller hvori der blev anbragt jernsøiler for å markere grenselinjen. Det

Makah Indians pulling canoe. — Makah indianere trekker en kano.
[1900] Wilse No 1080 & 1988.33.113 [MOHAI]

var et noe tungt og uvant arbeide til å begynne med, men øvelse gjør mester, og det varte ikke lenge før det gikk som en lek, særlig da også den intense sommervarmen vi var vant til blev avløst av forholdsvis kjølig vær. Det var et herlig friluftsarbeide, og jeg syntes det var velgjørende deilig derute på de store, vide slettene, som lå aldeles stille og ubebodd langt ute på landet den gang. Nu er der svære bygninger og brede gater derute, så byenes grenser støter inn til hverandre.

Best husker jeg hvor herlig lunsjen vår smakte når vi tendte op bål, varmet kaffeen og ristet de tykke hvetebrødskivene med sparsomt smørbelegg over ilden. Eftersom vi arbeidet oss vekk fra St. Paul, blev avstanden til losjiet lenger og lenger, og da der ikke gikk noen lokaltog eller trikker, benyttet vi oss av å slenge oss på godstogene, hvorav der gikk adskillig flere enn passasjertog. Vi kastet oss som regel på i fart og opnådde en stor øvelse i det. Men en dag blev togets fart allikevel for stor. Jeg hadde fått fatt i et håndtak, men kunde ikke få slengt mig forover og få vogntrinet under benene da farten imot hindret. Men jeg holdt fast i det håp at lokomotivføreren skulde observere mig og slakke av på farten — men nei! Så måtte jeg endelig slippe taket med den følge at hjulakslenes lagerhus fikk fatt i det ene benet mitt, og dermed blev jeg slengt forover på bakken. Jeg så riktig nydelig ut efter den affæren, men jeg slapp heldigvis fra det uten brukne ben.

Efter et par ukers jobb med gravingen blev jeg satt til arbeide ved målelenken og også som stangbærer ved nivelleringen. Men da télen kom i jorden ut i oktober, blev arbeidet innstilt, og så var jeg igjen arbeidsløs.

Før vi kom så langt hadde min venn fått jobb som butikkgutt ute i Dakota, hvor han senere ved hjelp av penger hjemmefra arbeidet sig op til han hadde en stor landbruksforretning. Først 43 år efter traff vi hverandre igjen, da han med sin familie flyttet hjem og slo sig ned på Ljan.

i jernbanens tjeneste
stikkingsarbeide i Minnesotas skoger og på prærien — en stormfull julaften

Heldigvis fikk jeg snart arbeide på et jernbanekontor med tracing og annet kontorarbeide. Og dermed var jeg kommet inn i den profesjon som skulde bli mitt levebrød i 13 år.

Vi skulde bygge en bane fra Minneapolis ut gjennem statene Minnesota og Michigan til grensen mot Canada. Vårt hovedkvarter var i Minneapolis, og derved kom jeg til den byen hvor jeg hadde en tante, som var søster av fru Janson, presten Kristofer Jansons hustru, i hvis hus jeg blev en stadig gjest. Hos Janson bodde dengang Knut Hamsun, som vistnok skulde studere hos Janson. Janson hadde fått bygget en kirke her og hadde en ganske stor menighet. Og avholdt var han av alle som kom i kontakt med ham.

Da det led mot våren blev jeg beordret til å delta i en utstikning av banen gjennem et forferdelig skogdistrikt i Minnesota. Skogbunnen var hovedsakelig myr bevokst med lerke- og lønnetrær. Vi måtte foreta utstikningen mens jorden ennu var frossen for i det hele tatt å komme frem. Men vårværet kom allikevel uventet over oss, så myrene begynte å tine op, slik at vi måtte hoppe fra tue til tue. Falt vi ned mellem dem var vi helt gjennemvåte når vi kom op igjen. Når vi kjørte hjem til leiren frøs klærne våre til is, og når vi hadde trukket over-all'en av, stod den av sig selv. All denne væten tok svært på benene våre, og jeg tror ikke det var fritt for at den var giftig heller. Føttene våre svulmet op, slik at der alltid var en eller flere som måtte ta hvil fra arbeidet.

På denne tiden blev der i disse store skogene drevet meget med tapning av lønnesaft. Det blev gjort på den måten at der blev boret et hull gjennem barken og satt inn en trepinne som var uthulet slik at saften kunde renne ned i et spann som stod ved foten av treet. Saften blev så samlet op og kokt i store, åpne gryter til en sirup eller til et sukker, som i farve minnet om kokt sukker. Vi forsøkte å drikke saften, men vi fant den ikke videre eftertrakt-elsesverdig. Sirupen (maple sirup) er derimot regnet for den fineste sirup som fremstilles. Bøndene skaffet sig en ganske pen inntekt av denne tapningen, og nu er der plantet hele lønneskoger for dette øiemed.

En aften da jeg våt og sliten kom hjem til det lille hotellet — landsbyens eneste derute i den store, dystre skogen — blev jeg overrakt et telegram. Det inneholdt bare de få ordene: «Mother died to-day [2 April 1886]. Father.» Det var annen gang jeg felte tårer i Amerika. Men det blev også den siste; for livet derover i den jagende kampen lærte én ikke å være bløt.

Da utstikningen var ferdig kom jeg ut på forsommeren inn på kontoret igjen og fikk da med bearbeidelse av tegningene til de store maskinverkstedene og lokomotivstallene å gjøre. Mens jeg var her kjøpte jeg mitt første fotografiapparat, nærmest for å ta fotografier av tegningene, som vilde være hendigere å føre med sig på arbeidet når de blev forminsket. Ikke drømte jeg dengang om at dette skulde lede til å skaffe mig levebrød senere. Mine forsøk på å bruke dette 5" X 8" kamera — en tung trekasse med klossete kasetter når jeg nu tenker tilbake på det — blev gjort på kontoret om søndagene. Mine medarbeidere måtte stå eller sitte som skyteskiver. Efter en del øvelser våget jeg mig til å ta grupper og byg-ninger. Alle pensjonatets beboere måtte finne sig i å bli plasert utenfor huset, og jeg tok virkelig en gruppe så god at jeg ikke kan gjøre den bedre idag. Den kopien jeg har hjemme har holdt sig glimrende i disse 48 årene.

Makah boy rowing canoe. — Makah gutt ror en kano.
[1900] Wilse No 1069 & 1988.33.136 [MOHAI]

The old Makah whale hunter. — Gammel Makah hval jeger.
[1900] Wilse No 1091 & 1988.33.36 [MOHAI]

En likeså god gruppe som jeg tok hos Kristofer Janson og med Knut Hamsun i, [Knut Hamsun — 4 August, 1859 – 19 February, 1952 — norsk forfatter, han ble tildelt Nobel-prisen for litteratur i 1920] er dessverre gått tapt.

Da det begynte å li mot vår, skulde jeg avsted på utstikking igjen. Denne gang gjaldt det en linje fra Minneapolis og nordover ut mot prærien. Da vi begynte arbeidet, lå det ennu så meget sne at vi måtte bruke kanadiske snesko. Der var adskillige piggtrådgjerder vi måtte over, så det var ingen lett sak å bruke disse sneskoene. Selv på flat mark syntes jeg de var brysomme, da man måtte sprike med benene for ikke å trå sig selv på hælene. Sår og øm i lårene blev en også, omtrent som efter første gangs ridning.

Det var unektelig noe tidlig på året å starte slikt friluftsarbeide i februar, og vi led litt vondt av kulden om dagen, og ikke mindre om natten i teltene våre. Men arbeidet måtte begynne så tidlig, for vi måtte være nådd helt ut til Mississippifloden senest i april for å undgå vannmangelen lenger frempå våren og forsommeren.

Eftersom tiden gikk, trådte prærien frem — gråbrun, med sneklatter her og der og fylte dammer og småvann. Alt dette vilde være forsvunnet på et par måneders tid, dels ved for-dampning og dels ned gjennem jorden eftersom den tinte op. Og da dette vannet var sterkt alkalisk, blev det liggende igjen et tykt lag av hvitt salt når det var forsvunnet.

Det gjaldt derfor for oss å arbeide intenst for å nå ut til Mississippifloden og tilbake før vannet var borte. På tilbakeveien vilde allikevel de fleste dammer og mindre vann være så inndampet at vannet var formelig seigt. Og dets virkning på mave og hår var øde-leggende. Håret falt av som når man garver et skinn. Og da amerikaneren vasker sig godt før han går til et måltid, og også har den skikken å dynke håret for å få den rette «sveis» på det, glemte vi hvad slags vann vi hadde å gjøre med, og resultatet var at hånden blev full av hår når vi strøk fingrene gjennem det.

Det var interessant å ferdes der ute — langt, langt utenfor der hvor selv den dristigste nybygger hadde slått sig ned. Gresset stod mange steder høit, eller det var presset ned i tykke lag der hvor sneen hadde fonnet sig op. Dagene var nu blitt milde med liten vind, så det var et rent ideelt vær. Jordbunnen var blitt dekket med alle variasjoner av vår-blomster, de fleste med sterke farver. Dyrene var også begynt å røre på sig, de store flokkene på tusener av ender og gjess var på trekk nordover. Om aftenen når de slo sig ned i dammene på prærien var der et øredøvende snadder. Sky var de ikke — de var vant til at her ute var der ingen som gjorde dem fortred.

Selv på denne tid var der enkelte steder hvor prærien så ut som den var snedekket, nemlig der hvor der i årene omkring 1864 under borgerkrigen var myrdet tusener av bison (buffalo) til bruk for arméen. I denne tiden hadde staten sluttet kontrakt med en del enkeltpersoner (f. eks. Buffalo-Bill) om å skaffe kjøtt til hæren. Og det var da den ame-rikanske bison måtte lide. Til å begynne med blev den bare skutt for kjøttets skyld, men da der blev overproduksjon på det og man hadde funnet ut at pelsen kunde brukes til vinter-kapper for arméen, blev den senere skutt utelukkende for pelsens skyld, og kadaveret blev liggende der og råtne til der bare var de avblekede ben igjen. Man gjorde klappjakt på dyrene og drev dem sammen i store hjorder, hvorefter myrderiet begynte. Derfor fant vi de fleste steder svære hauger med skjeletter, mens enkelteksemplarene var mer sjeldne. Det gjaldt selvfølgelig å få samlet flest mulig dyr på ett sted til vognene kom ut for å lesse på skinnene. 20 år senere kommer så de første nybyggere der ut — kjørende på vogner de også. De samler restene av disse falne dyrehøvdingene og kjører dem inn til nærmeste jernbanestasjon, kanskje en 60—70 mil. Herfra blir de så sendt til benmøllene. Og ved salget av disse benene skaffer nybyggerne sig sitt første utkomme.

Dyrelivet var for øvrig ganske frodig her ute. Blandt representantene var der en liten jordrotte av størrelse som et ekorn og med ganske pene tegninger i pelsen. Den kaltes for

«Gofer». Den hadde sin bolig dypt nede i jorden — og med to innganger. Dyrene var meget nysgjerrige, men når vi nærmet oss dem, smatt de som et lyn ned i hullet. Men hvis vi bare ventet noen sekunder, stakk de op av det neste hullet. Da vi hadde lært deres taktikk, var det lett å fange dem, idet vi bare laget en rennesnare over det hullet hvor de vilde komme op. Tok det litt lenger tid enn vi hadde beregnet, tømte vi bare en bøtte vann der hvor den var dukket ned — og resultatet uteblev ikke. Vi fanget nokså mange av dem og ekspederte dem over til de evige jaktmarker. De er nemlig en stor plage for bonden, idet de spiser op planterøttene.

En annen graver, som vi ofte traff der ute, er præriehunden, som er så stor som en mindre kanin. Den graver store ganger og kaster op hauger av flere fots høide av den jorden den graver ut av gangene. Disse haugene benytter den som utsiktstårn. Den har en slags knurrende lyd, og det er vel grunnen til at den har fått navnet, for den har ingen likhet med hunder. Den minner mer om en bever. Kommer man kjørende på prærien hvor kolonier av præriehunder holder til, må man kjøre meget forsiktig for å undgå brukne hes-teben.

Om aftenen når rødmen fra solnedgangen farget hele prærien, så det så ut som den stod i brann — slik som vi av og til ser det på Hardangervidda — begynte prærieulven (coyoten) sin klagesang. Coyoten er et dyr som minner mer om en middelstor rev enn en ulv. Den er meget sky, og det var svært sjelden vi kom over noen av dem. Gud vet hvor de holdt til om dagen; for det er meget vanskelig å skjule sig på den flate prærien.

Bison så vi ikke. Den blev som sagt utryddet under borgerkrigen, og nu finnes den bare i små flokker i fjellene omkring Yellowstone Park. Her ute på prærien, som var dens store, oprinnelige tumleplass, er der ingen igjen. Det samme er tilfelle med antiloper og hjorter, så der var ikke levnet nybyggerne stort kjøttforråd å forsyne sig av.

Giftige dyr eller giftige slanger så jeg aldri noe til. Der var en slange som i tegningene minnet om huggormen [Black Adder i Stor Britania]. Den kaltes «Bull-snake» og var tykkere enn andre slanger av samme lengde og hadde en hurtigere tilspisning mot halen. Den var ufarlig, men gav et uhyggelig inntrykk på grunn av tykkelsen. I mange av sjøene var der en liten skilpadde som hadde vakre tegninger på buken. Skjønt det var tidlig på året, var myggen allerede begynt, mens gresshoppene ennu lå i dvale.

Da der var stor konkurranse mellem de forskjellige jernbaneselskaper om å kapre dette ubebodde terreng for fremtidig jernbanebygging, gjaldt det at der blev gjort minst mulig blest av at vi var på denne utstikkingen. Vi begynte den i Minnesota, men den blev plutselig avbrutt, og vi blev lastet på en jernbanevogn og kjørt utover Dakotaprærien uten at vi visste hvor det bar hen. Vi underordnede gikk stadig med forseglede ordre.

Northern Pacific-banen var blitt åpnet fra St. Paul til Tacoma i staten Washington på Stillehavskysten noen år tidligere, og dette gav støtet til at andre jernbaneselskaper også vilde dit ut, men med sporet noe lenger syd. Det gjaldt derfor for oss å sprenge på og få våre trestikker i jorden, for derved å få førsteretten til dette territorium. Jeg tror vårt selskap rett og slett drev spekulasjon, for det bygget nemlig aldri banene selv, men et annet selskap overtok våre utstukne linjer.

Da det led mot slutten av april stod vi ved den mektige Mississippifloden, [Ojibwe ord *misi-ziibi*, betyr *Great River*] som selv helt her oppe var ganske bred. Og det var med blandede følelser jeg så «Vannenes Far» igjen, efter det bekjentskap jeg hadde gjort med den lenger syd. Her var den ennu bred og makelig [muligens Yellowstoneflodens sideelv], der den drev nedover og dannet grensen mellem statene Montana og Nord Dakota, likesom den også dannet vestgrensen for den lange, flate prærien.

Så bar det tilbake igjen i lange etapper. Og en lørdagskveld slo vi leir ved noen ny-byggerjord-hytter. De tilhørte en koloni av russere fra Odessatraktene som her hadde reist sig sine hjem og sin kirke av torv. Veggene i hyttene var ca. 1 meter tykke og hadde et lite vindu og en dør som var så lav at folkene måtte lute seg for å komme inn gjennem den. Fra beboelsesrummene var der en dør inn til det rum hvor kreaturene holdt til, og herfra en dør i den motsatte enden av bygningen. Det lille vinduet gav et skralt lys. Dyrene var allerede ute på beite — ja, det hender forresten ofte at de går ute hele vinteren, og de lider da forferdelig i den sterke kulden.

Vi slo leir like ved et av husene, nærmest for å få skikkelig vann til å vaske oss i og til å drikke. Brønn av en eller annen sort er nemlig noe av det første nybyggerne på prærien må tenke på. Da neste dag var søndag og vårt kappløp ut til elven var avsluttet, tok vi hvil og benyttet anledningen til stase oss op, d. v. s. få vasket oss selv og tøiet. Og da det var gjort, var det frem med fotografiapparatet for å forevige disse husene og deres beboere.

Makah basket weavers. — Makah kurv vevere.
[1900] Wilse No 1079 & 1988.33.52 [MOHAI]

Puget Sound Salish basket weaver. Puget Sound Salish kurv vever.
[1899] Wilse No 1014 & 1988.33.115 [MOHAI]

På tunet foran et av husene stod en firhjulet vogn av den sorten (Lumber-wagon) som enhver nybygger måtte anskaffe sig når han vilde ut på prærien. Den trekkes enten av okser eller hester. For nu å slå tre fluer i en smekk: huset, vognen og familien, anbragte jeg denne oppe i vognen.

Da jeg holdt på å innstille, spurte overhodet for familien, hvoriblandt der også var en 15 års pike, om han kunde få lov å se i apparatet hvordan det tok sig ut. Nu vet kanskje de fleste at det man stiller inn viser sig på mattskiven stående på hodet. Dette uttrykte bonden sin forundring over på russisk, og datteren må ha hørt det. For hun slo hendene om skjørtet og hoppet ned med én gang. Hun vilde slett ikke la sig beskue når hun stod på hodet!

Denne kolonien av russere hadde slått sig ned langt utenfor de nærmeste nybyggere og hadde ca. 70 engelske mil i rett linje til nærmeste jernbanestasjon over det brungrå præriehav. Ved siden av det jorden kastet av sig ved første innhøstning, skaffet de sig en pen inntekt av bisonskjelettene.

Efter noen dagers forløp bar det tilbake til civilisasjonen ved den ytterste jernbanestasjon, hvor der var en liten samling av hus. Der var et apotek, en kolonialhandel, en smie, en kafé eller et slags hotell og to «saloon»er. Og det til tross for at Nord Dakota var en tørrlagt stat hvor alle alkoholholdige drikker var forbudt.

Så snart vi hadde slått leir og var kommet i orden gikk seks av oss for å avlegge en av «saloon»ene et besøk. Vi følte oss omtrent som sjømenn som kommer i land efterat vi hadde tilbragt to måneder på den flate prærien. «Saloon»ens dører stod på vidt gap, og lokalet var delvis fylt av cowboys som drakk sin whisky. Vi slentret bort til disken og forlangte seks Kentucky-whisky. Bartenderen blev stående ganske rolig som om han ikke hadde hørt vår bestilling, og da en gjentagelse heller ikke nyttet, foreslo jeg guttene at vi skulde gå bort til neste «saloon». — Men konkurranse er nok livets beste salt. For da vi var kommet så langt som til døren, kom bartenderen efter, slo mig på skulderen og sa: «Hør kamerat, hvis du vil ha Kentucky-whisky, så forlang buffaloblod, eller hvis du vil ha Canadian whisky, så forlang hjorteblod.» Så stillet vi oss op ved baren og beundret den fenomenale ferdigheten disse bartenderne har til å skyve flasken nedover disken så den ikke velter, men seiler nedover og stanser foran den som skal ha den.

Efterpå vandret vi ut for å bese den store stad, hvis innbyggerantall kunde dreie sig om cirka hundre sjeler. Vi kom også forbi apoteket, og her fikk vi se bibler av forskjellig størrelse utstillet i vinduet. Dette syntes vi var nokså eiendommelig, blev nysgjerrige, og jeg gikk inn for å forhøre mig om prisen. Svaret var at det kom an på hvad slags brennevin jeg vilde ha fylt den med. Selve bibelen med et skruehull i den øverste kanten, blev beregnet med fra 50 cent til 1 dollar.

Ute på prærien møtte vi av og til enkelte Sioux-indianere som var på jakt. Jeg benyttet anledningen til å tuske til mig enkelte småting som mokkasiner, piper, pilespisser og litt annet og fikk derved grunnlaget til en liten indiansk samling.

Da vi kom tilbake til Minneapolis, blev jeg overflyttet til en liten by som het Watertown for å bestyre kontoret der under byggingen av en bane til Huron i Syd Dakota. Der blev planlagt stasjoner, og i tilknytning til disse skulde der utlegges byer. Jeg gjorde kontrakt med et byggeselskap som stod i forbindelse med jernbanen, om å lage tegningene for dem. Jeg måtte utføre dem i fritiden om kvelden og holdt på til langt på natt, men jeg tjente gode penger på jobben. Det gjaldt å gjøre utkastene mest mulig festlig og utstyre dem med farver, og over stedets navn anbragte jeg et strålende fremtidsbilde med skyggefulle trær og flotte gater. Dette fikk jeg en tysk kunstner til å lage for mig for en viss pris pr. stykke, hvorpå jeg beregnet mig selv rikelig for disse maleriene.

Da det led mot vinteren og jorden frøs til, blev arbeidet innstillet, og vi gikk over til å stikke ut banen sydover til Sioux Falls i den nederste enden av Syd Dakota. Byen lå ved

Missourifloden og hadde staten Nebraska like overfor sig på den andre siden av floden. Den hadde ca. 3000 innbyggere og var i rask opvekst. Jeg blev tilbudt stillingen som stats-ingeniør her, men avslo, da jeg syntes det var vel dristig å gi sig i kast med.

I midten av desember begynte vi å arbeide oss nordover fra Sioux Falls. Som vanlig når vi var ute på prærien, var vi 11 mann på partiet, mens vi var 13 eller 15 mann hvor arbeidet foregikk i skogsstrekninger. Da var det i almindelighet 3—4 mann som bare hadde som opgave å felle trær. Vi skulde ligge i telter, og disse skulde opvarmes ved en jernblikkovn som var formet som en sukkertopp og hadde åpen bunn og et rør i den spisse enden. Nede ved bunnen var der en forholdsvis stor dør hvorigjennem der kunde fyres med ved, kukaker og halm. Disse ovnene kaltes «Shiblyovner», blev hurtig opvarmet og var lette i vekt; men de holdt ikke lenge på varmen, da jernet var så tynt, og ikke tålte de at der blev brent kull eller koks i dem, da de var uten rist. Våre telte var også denne gang, som på de opmålinger jeg tidligere hadde vært med på, telter med plass for 4 til å ligge langsefter og med plass til å klæ sig ved døråpningen, hvor jeg hadde mitt tegnebord.

Når vi slo leir, fylte vi bunnen der vi skulde ligge med et tykt lag halm, og oppå det la vi en tykk seilsdukspresenning. I skogterreng pleide vi først å legge et lag med store gran-grener med den buede siden op og stukket inn i hverandre så de dannet en slags springmadrass. Ovenpå dette blev der lagt et lag av finere grener, og når man la sig, sank man ned som i en dyne. Det var bare ennu bedre, idet vi samtidig hadde den friske duften av balsam og harpiks. Ved foten av sengestedet blev anbragt et bord eller en stokk for å holde bar, halm og sengklær på plass, samtidig som der blev sitteplass ved påklædningen.

Været var på denne tid så bistert og ufyselig kaldt at jeg ikke kunde arbeide med tegn-

The Indian hop picker. — Indianer humle plukker.
[circa 1899] Wilse 1030 & 1988.33.139 [MOHAI]

ing i teltet, men måtte ty til bondegårdene for å få arbeidsrum.

Så var det en dag — ja det var sogar selve julaften — at det røk op til en regulær «blizzard», en av dise forferdelige snestormene som kommer om vinteren. De er et motstykke til hvad man har om sommeren, da det er regn og hagl sammen med vinden som gjør utslaget. Lenger ut på våren kom vi ut for en slik en. Da blev hele landsbyer feiet ned, og selv jernbanebroer blev vridd rundt og løftet av sine fundamenter. Vi holdt på å arbeide ute på prærien da vi så den blekksvarte skyen komme. Heldigvis hadde vi vognen med to hester for nær ved, da de var kommet ut for å kjøre oss tilbake til leiren. I all hast fikk vi kastet oss i vognen og sprengkjørte bort fra stormens kurs, slik at vi bare fikk føle utkanten av den. Det begynte å hagle — ikke hagl så store som erter — men av størrelse som valnøtter, og hadde vi ikke hatt hestedekkenene å holde op over oss på staker, var vi vel blitt slått flate i hodet. Hestene så temmelig medtatt ut, der var store bulker i kjøttet deres.

Men tilbake til julaften. Vi hadde leir like ved en nokså stor farm, det vil si stor til å være i et så nytt land. Og da kulden blev for slem, flyttet vi inn i huset, hvor vi blev innkvartert på loftet. Her lå vi på flatseng. Stormen brøt ut om morgenen, og kom, som de nesten alltid gjør, som sloppet ut av en sekk. Vi var heldigvis ikke dradd ut ennu, men stod nettop i begrep med å laste oss inn i sledene, da uværet var over oss. Hurtigst mulig måtte vi få hestene inn i stallen og sørge for vannforsyning både der og i huset. Disse menneskene visste nemlig av erfaring at en slik storm kan vare i dagevis. For å kunne finne vei til stallen og til huset med hjerte i døren, måtte vi feste våre målelenker med den ene enden i huset og den andre i de respektive stedene. Når vi så var nødt til å gå ut, måtte vi pakke godt på oss — vinterluen nedover ørene, skjerf rundt halsen og vinterfrakk — og så ta målekjeden under armen og

Indians over 100 years old. Puget Sound Salish couple.
— Puget Sound Salish ektepar. [circa 1898] Wilse No 1006 & UW NA 1347 [UWL]

stampe oss frem gjennem sneføiken. Og selv med alle disse klærne på kunde vi få sne opunder armhulen og få ører og nese igjenstoppet. Sneen var nemlig så finkornet som det fineste mel, og hvis man ikke var forsiktig, kunde man risikere å få nesebor og ørehuler tilføket så fort og kraftig at man hadde utsikter til en forsmedelig kvelningsdød.

Da vi satt og koset oss nede hos bonden og hans familie og feiret julaften mens stormen hylte og av og til truet med å dra avsted med hele huset, kjente vi lukten av noe som brente. Da vi kom ut i den lille forgangen som var avstengt ved en dør fra trappen som førte ovenpå, sivet der en ullen røk ned fra loftet, hvor vi hadde våre senger. Ved å åpne døren fikk vi visshet for at der virkelig var ildløs. Ennu var det bare et ullteppe som glødet, men ikke mange tommer borte lå aviser og annet lett brennbart stoff. I huset fantes der bare én bøtte vann, men ved praktisk anvendelse av den fikk vi slukket akkurat i det kritiske øieblikk. En av guttene hadde glemt å slukke stearinlyset, det var det som var årsaken; men vi tenkte med gru på hvad som vilde være skjedd hvis vi bare var kommet 5 minutter senere.

Stormen, som ganske riktig varte i 2 døgn, stilnet av likeså plutselig som den var begynt. Og da vi våknet på tredje døgnet skinte solen og alt lå der stille og fredelig.

Der var ikke falt så meget sne, men den var føket sammen i dype fonner. De var så harde som is, slik at vi kunde kjøre med parhester over dem når vi skulde ut på arbeide. Det var et trist syn som møtte oss mange steder. Hoder og ben av ihjelfrosne dyr stakk op av sneen. Bare i vår nærmeste omegn var hundrevis av kreaturer frosset ihjel, og flere barn var også omkommet på vei til skolen. — Ut på dagen kom en mann mer krypende enn gående inn til farmen. Uværet hadde overfalt ham, men han hadde funnet frem til en av disse svære høistakkene som bøndene har stående ute. De fleste har ikke plass nok til avlingen, ja, mange har ikke engang husrum nok til kreaturene. Derfor er det også at så meget kveg forfryser. Denne mannen hadde gravd sig inn i høistakken så langt han orket, men benene kom ikke langt nok inn med den følge at de forfrøs. Han hadde en jakthund med sig, og han sa at hadde han ikke hatt den inne hos sig, vilde han nok ha frosset helt ihjel.

Efter stormen var vårt nødtørftighetshus en eneste stor snemasse. Inngangen til fjøset var også helt begravd, så det blev et hårdt arbeide å komme inn til dyrene, som nu hadde stått i nesten 2 døgn uten mat og vann. Vårt kjedearrangement var nemlig snart blitt revet løs og hadde gjort det umulig å finne frem til fjøset; det hadde ikke vært råd å se en fot for sig.

Snart kom våren igjen med alle sine håp og all sin fryd både i naturen og menneskesinnet, og vinterens strabaser gled snart ut av bevisstheten.

hjem til Norge
avreisen med «Geysir» — sammenstøt og forlis ved Sable Island
— tilbake til New York og hjemover på nytt

Midtsommers var vi ferdig med vårt arbeide og blev avmønstret i Minneapolis. Og da tidene begynte å bli litt flaue på mitt arbeidsfelt, besluttet jeg mig til likegodt å tilbringe den kommende vinter i Norge, for så å komme tilbake igjen til våren. Jeg løste billett til Kristiania, og skulde reise med et av Thingvallalinjens skib fra New York. Med kofferten pakket med min samling av souvenirs — mine indianersaker og annet, ja, forresten alle mine eiendeler undtagen fotografiapparatet, innskibet jeg mig i «Geysir» som lå over i Hoboken. Og en fredelig, stille augustdag gled vi utover med ca. 110 passasjerer ombord. Da de alle sammen var folk som hadde tumlet mer eller mindre omkring i verden og således var vant til å slutte sig til fremmede mennesker, blev vi snart som én familie.

Den første dagen gikk, og så fikk vi en herlig aften med havblikk og en praktfull solnedgang, mens mange hval boltret sig i skibets nærhet. Der var dans på dekk til tonene av et trekkspill og alt var bare fred, lykke og glede — både over nuet og over tanken på hvor vi stevnet hen. Der var ikke mindre enn 4 skippere som skulde hjem på orlov, dessuten lærerinner, forretningsfolk og farmere. Som det led utover natten gikk efter hvert hver og en til køis, glad over å ha hatt en deilig, fredelig aften. Men de fleste skulde dessverre aldri mer få være med på å prise livet.

I grålysningen klokken 4 om morgenen [14 August 1888], kjente vi plutselig et underlig, dumpt støt, som om vi var støtt mot noe tungt som gav efter. Og der blev skreket ned gjennem gangene: «Alle mann på dekk!» — Da jeg likesom ante at noe alvorlig forestod, tok jeg bare buksene på mig og kastet vest og trøie over armen. Støvler gav jeg mig heller ikke tid til å ta på. Så fløi jeg op.

Det var siktbart vær, og ikke langt fra oss så jeg der lå et dampskib. Det var gamle «Thingvalla»! — Jeg kom op litt aktenom midtskibs, og jeg skjønte at noe forferdelig måtte være hendt, for rekken var knust og vannet fosset inn over dekket. Nu var «Geysir» dypt lastet, den lå kanskje ikke mer enn 3—4 fot over vannet, så der skulde jo ikke så meget sjø til før den vilde skylle over dekket. Men den smule sjø det var nu vilde ikke gjøre det dersom der ikke var andre årsaker. Jeg gikk akterover og kom da like til det sted hvor sammenstøtet hadde foregått, samtidig som jeg trådte på noen av jernsplintene så de skar op foten min. Det var et under at jeg ikke styrtet ned i den 12 fot lange åpning hvor «Thingvalla»s baug hadde boret sig inn.

Indian basket collection. — Indianers kurv samling.
[1898] Wilse No 1060 & 1988.33.60 [MOHAI]

Like efter blev jeg kastet i dekket av den tiltagende sjø, og for å komme mig på benene igjen måtte jeg gi slipp på trøien og vesten, som inneholdt alt mitt jordiske mammon. Å lete efter dem siden var nytteløst.

Da jeg så at der var noen som arbeidet med en båt oppe på overbygningen over maskinen, kløv jeg op der for å hjelpe til med å løse den og få den på vannet. Det første som måtte gjøres var å få løs presenningen, som med store finesser var bundet over båten. Heldigvis hadde jeg en ganske stor foldekniv i lommen, så jeg fikk kuttet av tauverket på seilduken. Da vi så fikk båtens indre i øiesyn, viste den sig å være fylt med alt mulig, fra bøtter og bordbiter til tauverk og livbelter. Efter at den var tømt, forsøkte vi å løfte båten klar av de treklossene den hvilte i.

Vi var 4 mann til å hale i båten — derav 2 skippere og en av matrosene; men det var til ingen nytte, da båten og treklossene var malt sammen så fast at de likegodt kunde være spikret til hverandre. Der var ikke annet å gjøre enn å kappe taljetauene, for da vilde båten antagelig bli revet løs og flyte op i tilfelle «Geysir» gikk under. I en fart tok jeg på mig et av livbeltene, som var av korkplater med seilduk omkring. Mellem hver korkplate var der bare seilduk, og den var så råtten at jeg kunde skyve hånden min gjennem den. Jeg hadde akkurat fått skåret over det siste taljetauet og lagt kniven sammen da «Geysir» gikk ned med akterenden først. Det var så vidt jeg fikk tid til å kaste mig inn i båten og ta tak i spilene i bunnen. Og så bar det ned i det enorme sluket som opstod der skibet forsvant.

Two men with pile of salmon on deck. — To menn med en haug av laks på dekk.
[circa 1900] Wilse 1206 & 1988.33.215 [MOHAI]

Det var et bulder og et brak som når en står under en dundrende foss — og med øinene åpne så jeg hvordan der blev mindre og mindre lys, samtidig som braket og villskapen i vannet ophørte. Så syntes jeg det var på tide å komme sig opover. Ved hjelp av opdriften av korkebeltet gikk det fort, men allikevel holdt jeg to ganger på å åpne munnen. Jeg hadde nemlig fått presset en del vann inn gjennem neseborene da det bar nedover. Men opmuntret ved at det lysnet hurtig, holdt jeg ut, og kom til overflaten akkurat i det øieblikk jeg ikke orket å holde munnen igjen lenger. Til alt hell lå der et annet livbelte og drev der jeg fløt op; jeg hadde bare å legge armen ut, så hadde jeg to livbelter å holde mig oppe. Jeg blev liggende en liten stund med munnen vendt mot vinden for riktig å få fylt lungene med luft. Så opdaget jeg en planke som lå og drev ikke langt borte og svømte mot den, og da jeg så opdaget tredjestyrmann ligge og baske for å holde sig oppe — han hadde fullt sjømanns-utstyr på sig — svømte jeg bort til ham, og vi kunde da likesom ligge og ta det med ro og se og høre hvad som gikk for sig.

Der var meget skrik og jammer, og mangt et hode så vi dukke op, for så å gå ned og aldri komme op igjen. Men hvad der for oss to som kunde tenke rolig, var det frykteligste, å se at «Thingvalla» gikk ifra oss. Hvad nytte hadde det vært å kjempe for å redde livet når vi allikevel, om ikke altfor lenge, måtte gi op på grunn av det iskolde vannet? — For-liset skjedde jo utenfor Sable Island under New Foundlandsbankene, der hvor isfjellene smelter.

«Thingvalla» hadde fjernet sig av forsiktighet — om enn lovlig langt — for at ikke de som lå i sjøen skulde komme oppi propellen. Først ca. 1 time efter forliset kom den for å samle op de overlevende. I den båten jeg blev tatt op, var der tidligere tatt op en kvinne — den eneste kvinne som blev reddet — men som mistet sine to barn. Da jeg blev tatt op, rullet jeg ned i bunnen av båten som en bløt manet. Jeg var aldeles utkjørt, dels på grunn

Salmon butchering machine. — Laks slakte maskin.
[circa 1900] 1988.33.216 [MOHAI]

av blodtapet fra såret i benet, dels på grunn av det lange ophold i det kalde vannet. Da jeg så efter en stund kom til mig selv og reiste mig for å se mig om, befant jeg mig ansikt til ansikt med denne kvinnen. Det var et fryktelig syn. Et kritthvitt ansikt med to tomme, stirrende øine og håret hengende ned i tjafser. Hun var blitt gal — noe som ikke var så underlig.

På den båten jeg hadde vært med på å skjære løs, og som hadde vært min redning nedover i dypet, satt nu 12 mennesker — hvorav den ene var kapteinen — i sikkert behold på hvelvet. Og da alle var bragt i båtene, var der bare 31 igjen av «Geysir»s 149 passasjerer og besetning.

Da vi nærmet oss «Thingvalla», så vi hvilken medfart den hadde fått. Hele baugen fra 8 fot [5.08 cm] nedenfor dekket var som klippet ut til en dybde av 12 fot. Skåret stanset 2 tommer foran det vanntette skott.

Så blev vi heist ombord, hvor der fra før befant sig 350 passasjerer. Da mitt ben blødde sterkt, blev jeg lagt inn på hospitalet, som lå forut like ved den luken som førte ned i lasterummet, hvor der blev arbeidet på spreng for å stive op den skilleveggen som bestemte om også «Thingvalla» skulde gå til bunns eller ei. Det var sannelig ikke lystelig å høre kapteinens befalinger om hurtigst å komme med en stokk her og en stokk der for å hindre sjøen i å bryte inn. Jeg lå der så kraftesløs at var vi gått under, så hadde jeg ikke maktet å komme mig ut av køien engang. Og jeg kaldsvettet der jeg lå.

Men det gikk heldigvis godt. Sjøen var smul, og med en god forbinding og god behandling kom jeg snart til hektene igjen. Og da der ut på eftermiddagen kom et tysk emigrantskib — «Friesland» — i sikte, steg håpet og humøret. — Ved parlamentering blev det ordnet slik at både «Thingvalla»s og «Geysir»s passasjerer skulde overføres til dette skibet, som var på vei til New York. Og da skumringen falt på, var vi alle anbragt ombord

Workers at brickworks. — Arbeidere ved mursteins verk.
[unknown] 1988.33.379 [MOHAI]

på en overfylt båt, hvis passasjerer hovedsakelig var polske jøder med en masse barn.

Så bar det tilbake til New York — ribbet for alt undtagen undertøi og en bukse hvori befant sig 60 cent. Til ytterligere beklædning fikk jeg av kapteinen utlånt en trøie, som var så vid at der kunde være plass til en til i den. Dessuten fikk jeg av en fyrbøter en maskinistlue, som var så fettet at da jeg tilfeldig kom til å legge hånden på den, hang den fast. Av en dansk emigrant fikk jeg et skjerf. De gav alle — ikke av sin overflod — men av trang til å gjøre en god gjerning mot sine medmennesker. Og jeg sier alle disse menn en evig takk.

Heldigvis hadde vi pent vær tilbake til New York, om vi enn frøs om nettene, som vi var nødt til å tilbringe på dekk. Men vi skiftedes om å ha tørn til å stå over fyrrummet for å tine op. Ved vekslingen mellem den kalde luften på dekk og den varme trekken fra fyrgangen, pådrog jeg mig en slik forkjølelse at jeg mistet stemmen. Om dagen hadde vi strålende solskinn, og da krydde barn og mødre op på dekk for å avluse hverandre. De satt der og lette efter lus akkurat som apekatter, bare med den forskjell at de knekket dem istedenfor å spise dem.

Av mat fikk vi lite eller intet. Vi hadde ikke kopper eller tallerkener å hente mat i — vel, så fikk vi ingen! Det var en ytterst tarvelig — ja skandaløs behandling vi fikk, for selv om der ikke var liggeplass, så måtte da rette vedkommende kunde sørge for at vi fikk mat. I de tre døgnene jeg var ombord, så å si stjal jeg mig til 3 kopper suppe og noen smuler tørt brød.

First Avenue at Yesler Way. — First Avenue ved Yesler Way.
[unknown] Wilse No 329 & SHS 801 [MOHAI]

Så stod jeg i New York igjen. Da jeg mente at jeg vilde ha retten på min side ved et saksanlegg, måtte jeg opholde mig der i 14 dager. Resultatet var at jeg og noen andre som hadde anlagt sak mot selskapet tapte den med den begrunnelse at det hele var «Geysir»s feil. Den kunde vi gjøre våre krav gjeldende hos, den var den skyldige — enda «Thingvalla» ute på det åpne hav og i siktbart vær hadde kjørt inn i oss. Dessverre var vår 1ste styrmann, som var på broen og som angivelig hadde gitt en gal styringsordre, gått til bunns, så han og hans rorgjenger kunde ikke forklare sig.

Da dette var forbi, strøk jeg avsted til Norge igjen med lånte penger. Men overfarten var ikke morsom. Når tåkeluren lød, var jeg som oftest på dekk — klar til handling om noe skulde hende — og der gikk mange år før jeg igjen følte mig trygg ombord på en båt.

Efterat var kommet hjem til Norge, fant jeg følgende «poem» med tragedien som motiv i en norsk avis:

«GEYSIR» OG «THINGVALLA»

Der gaar gjennem verden en klage saa stor
Blandt slektninger fjernt og fra far og mor
Ja fra søster og bror som mistet hvad de hadde kjær.
Hvo kan vel beskrive den jammer og smerte,
Hvo kan vel husvale det blødende hjerte,
Hvo kan vel erstatte de kjære for dem
Som nu med lengsel var ventende hjem.

Med dampskibet «Geysir» de seilede hjem
Fra vesten det mektige land.
Med lengsel i hjertet de stevnede frem
Mod hjemmets dets elskede strand.
Saa frydefuldt de tenkte paa gjensynets glæder
De fremmaned for sig de hjemlige steder.
Nu snart skal de møde de kjære fra før
Et gjensyn med dem forinden de dør.

De seiled i dage de seiled i tre
Henover et vildsomt ørke.
Av baaer og skjær var der intet at se
Men himlen var skyfuld og mørke.
Saa gik de til hvile om aftenen stille
Og tenkte nok ikke paa noget saa ille
At skrek skal dem jage av køiene brat
O grufulde skjæbne, o skreklige nat.

Paa kommandobroen har styrmanden vagt
Om natten da klokken slaar tre.
Kapteinen han varsled de nøie gi'r agt
Om de nogen seiler faar se.
Raketter og fløiter de ikke maa spare
Thi her er mørkt, her kan let være fare.
Mens «Geysir» saa let over bølgene gik
Et grundstød i siden det av «Thingvalla» fik.

til Amerika igjen
i St. Anthony Waterpower & Co.s tjeneste — brobygging og dyreliv

Vinteren hjemme var en herlig tid, men vandrelysten var gått mig i blodet. Og da man ved jernbanen her hjemme ikke hadde bruk for folk som hadde lært det praktiske arbeide over i Amerika, var der intet annet å gjøre enn å spre vingene som en trekkfugl og fly ut mot lysere og større forhold. En marsdag [1889], innskibet jeg mig derfor med gamle «Montebello», bestemt for Hull [England]. På veien fra Kristiania til Hull hadde jeg 2nen plass, da jeg hadde litt gru for emigrantplass over Nordsjøen. Men på de store Atlanterhavsbåtene fra Liverpool [England] til New York mente jeg at den var langt bedre eller iallfall like god som 2nen over Nordsjøen. Jeg kom avsted med en ny båt, «Umbria», som skulde være en hurtigflyver, og det var den visst også. Men for å opnå dette var båten bygget så lett at der opstod en slik vibrasjon at vi som lå i akterskibet faktisk lå i konstante vridninger. Men mennesket er et vanedyr. Og vi vennet oss også til dette og sov godt — undtagen når fløiten lød.

Fra erfaring under mitt forrige Amerikaophold visste jeg hvor tungvint det var å komme frem med kanadiske snesko, og jeg hadde derfor besluttet at når jeg atter drog over, skulde jeg ha med mig ski. Jeg hadde så anskaffet mig de beste som var å opdrive hjemme. Transporten av disse hadde jeg riktignok ikke beregnet skulde bli så besværlig, for ellers hadde jeg latt det være. På båten til Hull gikk det forholdsvis uten viderverdigheter, men fra båten og op til toget som gikk til Liverpool var der rene opløp for å se de forunderlige bordbetene jeg bar på skulderen, og dette gjentok sig også i Liverpool. På toget måtte jeg legge dem under benken, og det var så vidt de kom inn. På den lange transport gjennem New York og på toget ut til Minneapolis angret jeg nok på

Olympic Hotel block. — Olympic Hotel kvartalet.
[unknown] Wilse No 596 & 1988.33.46 [MOHAI]

hvad jeg hadde tatt med mig, men kom dog helskapt frem med dem til Minneapolis. Nu var det imidlertid ikke skisesong da jeg kom, og jeg måtte lagre skiene i uthuset hos en bekjent. Men da vinteren kom og jeg skulde kroe mig med mine fine ski, var de forduftet, og alt mitt utlegg og slit hadde vært omsonst. At disse mine ski var en nyhet er jeg viss på, og kanskje var de det første ekte par norske ski i Vesten.

Jeg hadde ikke vært mange dagene i Minneapolis igjen før jeg kom i arbeide hos St. Anthony Waterpower Co., som eide vannretten på Mississippis søndre bredd. Her var det et vannfall, og vannet fra dette blev i kanaler ledet til turbinene for de store Wasburnske [Washburnske] melmøller. Disse var møller på seks etasjer og blev den gang regnet for verdens største. Anløpskanalen [? Avløpskanalen] skulde senkes, og dermed måtte også alle de andre kanaler inn til møllene senkes. Dette arbeide måtte gjøres uten å stanse turbinene som gikk natt og dag. Det var et meget interessant arbeide, vi måtte forsere det og være ferdig før flommen satte inn. Og jeg husker spesielt en meget uventet og kritisk del av arbeidet. Vi holdt på med å senke fundamentet til hjørnet på den store møllebygningen efterat vi hadde gravd og sprengt oss ned i den forholdsvis bløte stenarten — gul sandsten. Vi hadde de store tilhugne blokkene liggende ved hullet og kraner og cement og sand ferdig for mandag morgen å ta fatt på fundamenteringen. Dette var lørdag og arbeidet var sluttet klokken 1. Like efter tok jeg mig en inspeksjonstur for å se om alt var i orden. Da jeg kom til hjørnet, opdaget jeg til min skrekk at vannet boblet op i bunnen av utgravningen. Der var et opkomme, og vannet førte sand med sig. Det var antagelig kvikksand

Fire Engine No. 7 — Brannvogn Nr. 7.
[unknown] Wilse No 703 C & 1988.33.88 [MOHAI]

under. Da arbeiderne forlot hullet var det aldeles tørt, mens opkommet en halv time efter hadde arbeidet sig op og holdt på å fylle det hele. Her gjaldt det å handle hurtig, og heldigvis var formannen ennu på kontoret. I hui og hast fikk vi trommet sammen arbeidere fra alle kanter og fikk kjørt frem sten og laget en sterk cementblanding. Så senket vi den store fundamentstenen ned, kjørte på med cementblandingen og stampet den godt. Hadde dette opkommet fått lov til å arbeide til mandag morgen, vilde uvegerlig møllens ene hjørne sviktet og ramlet ned i elven.

Totem pole dedication, Pioneer Square. — Totem pole dedikasjon, Pioneer Square.
[1899] Wilse No 696 & 1988.33.146 [MOHAI]

I det hele tatt var det et uhyre interessant og lærerikt arbeide under den tyske over-ingeniør De la Bar — en fin, dannet og kunnskapsrik mann — som dessverre døde et par år senere.

Midtsommers var arbeidet ferdig, og så gikk jeg over til bygging av en kjørebro over Minnesotaelven.

Det terreng som ledet ut til selve elven var myrholdig, så utstikkingen av brokarene skaffet oss adskillig besvær. Foruten å slåss med jordbunnen, måtte vi også slåss med de grusomme myggsvermene.

For å komme frem måtte vi bruke en liten båt og dra denne fra myrhull til myrhull, inntil jeg fant at det vilde lønne sig bedre å bygge en pelebro. Dette gjorde vi ganske enkelt ved å benytte det orekrattet vi var nødt til å hugge allikevel. Vi spisset til de største stammene, og med 4 manns forenede tyngde trykket vi dem så langt ned vi kunde få dem og spikret så til strevere for å forbinde dem. Til brodekke brukte vi bord. Og det var en høitidsdag da broen blev innvidd og vi kunde gå tørskodd hjem.

I disse myrene var der massevis av igler, vannslanger, skilpadder og almindelig frosk. De siste fanget vi med håv, tok dem i bakbenet og slengte dem brått ifra oss. På den måten skaffet vi oss delikatessen froskelår, som jeg hadde med mig hver lørdag når jeg drog på besøk i Minneapolis. Der var også en skilpadde som kunde være svært glupsk. Størrelsen var ca. 1 fot. Den bet på den måten at den hurtig kastet hodet på den lange halsen ut av skallet og hugg til på samme måte som slangene. Den kaltes også «Snap turtle» på grunn av denne snappingen når den skulde bite.

Et annet dyr som voldte oss litt bryderi, var skunken, denne vakre, godslige karen som ikke gjør noen fortred hvis den ikke blir jaget eller skremt. Der var mange av dem langs elven. En gang var der kommet en under trappen til det huset vi bodde i, og da så en ufor-siktig hund begynte å grave efter den, sprøitet den ut den forferdelige stinkende væsken sin. Den forpestet hele huset, og en av guttene hadde også fått litt av den på buksen sin. Han måtte grave den ned i jorden for å bli kvitt lukten.

En aften var vi på hjemveien, som førte gjennem et lite dalsøkk, så å si den eneste ad-komst der var fra elven. Midt i stien gikk en skunk og koset sig og ruslet bedagelig opover uten å ense at vi kom. Å skynde på den var der ikke tale om hvis vi ikke vilde risikere å få en dusj. Og da vi hurtigst vilde komme oss hjem til kveldsmaten, forbannet vi den lille karen som ruslet der uanfektet av vår banning og vårt prat.

Langs elven vokste ville plommer og druer, som om høsten gav oss en overflod av herlig frukt. Plommene var trillrunde med de nydeligste farver fra gult til rødt og med små mørkere røde spetter. De var nydelige å se til, men litt bitre i smaken. De var imidlertid fortreffelig til sylting, og der stod da også alltid en stor vase med syltede plommer på frokostbordet, foruten tykk fløte og honning som lå i vokskaken. Så vi oplevde på en måte å leve slik som det står i skriften.

Under arbeidet med selve broen holdt jeg en gang på å sette livet til. Vi holdt på med utgraving for det ene brokaret inne i en høi sandskrent. Mens jeg står ved instrumentet og sikter inn, skriker med ett arbeiderne: «Der kommer det!» — Det var den ca. 20 fot høie sandskrenten som hadde løsnet og raste ut. Arbeiderne og mine håndlangere hadde vært opmerksom på det i tide og kom sig unda, men jeg hadde vært så optatt med innsiktingen at før jeg fikk sukk for mig, var jeg begravd i sandskredet. Jeg fikk dog summet mig så meget at jeg rakte hendene i været, og på den måten reddet mig fra å bli kvalt. Arbeiderne gikk straks i gang med å grave mig ut; men der var ingenting å se av mig før jeg ved å rote med hendene fikk løsnet så meget rundt mig at de kunde se hvor jeg lå begravd. Da jeg var gravd ut, var buksene mine en masse filler festet til linningen, men jeg var ikke skadet på annen måte enn at det ene fotbladet var litt vridd og noen skrammer.

* * * * *

Våren 1890 blev jeg engagert til utstikking av en jernbane i Wyoming. Den skulde nedover til Columbiafloden. Linjen gikk gjennem en trang dal med en bekk, hvis bredder var bevokset med krattskog, og ville plommetrær med skarpe torner dannet et ugjennemtrengelig villniss. Skråningene var av basaltsten med bratte terrasser. Linjens trasé førte snart op langs skråningene, snart langs bekken hvor vi måtte hugge oss frem. Her var det en Guds velsignelse av klapperslanger. Når vi klatret opover skrentene kom vi ofte over steder hvor de lå og solte sig. Det hendte også at de hang oppe i buskene nede i dalen, og der måtte vi derfor gå frem med stor forsiktighet. Enkelte dager slo vi ihjel mange — en enkelt dag hele 7 stykker. Av andre ubehageligheter var der en masse spyfluer og hveps, en art med store kjever. Når vi lå i køiene kunde vi se hvordan disse fanget andre hveps og fluer og bet hodene av dem.

Jeg hadde hele tiden fotografiapparatet med mig og brukte det flittig. Som mørkerum lot jeg for hver leir grave en kjeller og anbragte et par kasser nede i denne. Når så mørket falt på, krabbet jeg ned, og guttene kastet et ullteppe over mig. En aften jeg satt og fremkalte noen plater, kjente jeg plutselig noe krabbe over tøflene mine. Jeg blev sittende bom stille; men da jeg mente at det som hadde krabbet på mig var forsvunnet, hoppet jeg

Latona School group. — Latona skole gruppe. Seattle, Washington.
[1900] Wilse No 142 R & 1988.33.426 [MOHAI]

hurtig op av kjelleren. Om morgenen opdaget jeg at vi under gravingen hadde skåret over en gang hvor klapsperslangen hadde sitt hjem. Til å forebygge forgiftning ved bit hadde vi riktignok alltid en 5-gallons krukke med whisky, men allikevel var det nokså brysomt i lengden med alle disse dyrene. Og til slutt blev det så nifst med insekter og slanger at jeg gav op og satte kursen for Stillehavskysten.

på stillehavskysten
jernbanestikking langs Puget Sound — «Great Northern» i Cascadefjellene

En aprildag steg jeg av i Seattle i staten Washington. Sommeren forut, 6 juni 1889, var hoveddelen av byen brent ned, så der var stor byggevirksomhet, likesom der var flere arbeider i gang ute i distriktene.

Jeg glemmer aldri det inntrykk reisen ditover gjorde på mig. Opstigningene gjennem Cascadefjellene fra det brune, skogløse lavlandet til svær nåleskog med sneflekker hist og her, og til slutt op i full vinter med høie sneskavler, og så når vi var kommet gjennem passet gradvis nedover til full sommer med haver bugnende av roser, det var enestående. Nu har vi jo noe lignende her hjemme i Bergensbanen i mai—juni; men min reise skjedde for 44 år siden, så den var en nyhet av rang.

Dagen efter min ankomst var jeg allerede i arbeide med utstikking av en linje langs

Seattle looking north from Beacon Hill. — Panorama fra Beacon Hill.
[unknown] Wilse No 643 & 1983.10.6049.4 [MOHAI]

fjorden Puget Sound fra Seattle til Tacoma. Og her hadde vi en herlig tid, ingen plager — bare fryd og vellevnet. Det eneste som forstyrret vår nattero var min gamle kjenning — skunken. Den lille tjueraden trengte sig inn i teltene om natten, ja, den var til og med så frekk at den spaserte over oss og gav sig til å ruske i skittentøiet som lå under hodeputene. Men vi hadde ikke annet å gjøre enn å forholde oss rolig og la den snuse til den var ferdig. Om dagen så vi mindre til dem, skjønt det hendte at de kom til kjøkkenteltet og fikk noen godbiter av kokken. Tamme var de, så vi hadde megen moro av å studere disse vakre små dyrene. Klappe dem torde vi ikke, da de hadde denne forbannede sprøitepungen bakut.

Nede i fjæren fikk vi våre herligste måltider. Når tidevannet gikk ut — og her kunde variasjonen mellem høi og lavvann være optil 30 fot — vandret vi avsted med bøtte og spade, dels for å samle den lille, herlige Olympiaøsters som forekom her og der, men mest for å grave efter muslinger som lå nede i dynnet og som ved sine blåsehull angav hvor de var å finne. Vi spadde dem op og fylte snart en bøtte. Ved damping gav disse muslingene en herlig buljong, eller vi finhakket dem, og sammen med poteter, gulerøtter og løk blev det den skjønneste suppe av verden.

Når vannet gikk ut, kunde der også i dypere groper bli liggende igjen en ganske bra flyndre. Disse gropene var i almindelighet ved siden av store stener, og i mange av de største holdt også blekksprutene til. De var ikke småkarer akkurat. Når jeg opdaget en av dem, fløi jeg tilbake til leiren og hentet den stangen vi brukte på linjen. Den var forsynt med en skarp jernpigg. Bevæbnet med denne gikk jeg så løs på dette havets fryktelige uhyre. Når jeg kjørte stangen inn, snodde straks de 8 lange armene med sugevortene på undersiden sig om stangen, og så begynte kampen. Den trakk i stangen, og jeg stakk igjen

Boats on Elliott Bay. — Båter i Elliott Bay.
[1900] Wilse No 363 & 1988.33.138 [MOHAI]

så snart jeg hadde fått den løs. Det gjaldt å stikke der hvor de 8 armer møttes, der hvor kroppen med det papegøieformede nebb av en munn sitter. Det hendte at jeg avlivet best med 8 fot lange armer. Blekksprut skal være god mat, men der var ingen av oss som hadde appetitt på den. Derimot tok indianerne gjerne mot dem som gave. Vi hadde om aftenen pleid å ta oss et herlig bad, men efterat vi opdaget blekksprutene, blev det bare til en dukker på grunt vann.

Den gikk dessverre så altfor fort denne skjønne tiden. Jeg fikk snart et arbeide som i mange måter var vidt forskjellig fra dette, idet jeg gikk over til utstikkingen av den store transkontinentale bane, Great Northern, gjennem Cascadefjellene.

I tre dager, dels på hesteryggen og dels til fots, trengte vi frem gjennem en mektig urskog og slo leir oppe under fjellkjeden. Som utgangspunkt hadde vi et pass der oppe. Det blev senere kalt «Stevens' Pass» efter vår sjefingeniør, John F. Stevens, som ved eksplorering hadde funnet det. Stevens blev senere leder for jernbaneanleggene under byggingen av Panamakanalen.

Det var en mektig, gammel skog vi arbeidet i, med trær optil 12 fot i diameter. Og når vår linje støtte på en slik kjempe, måtte vi stikke rundt den, da det vilde tatt altfor lang tid å hugge den. Ofte lå der falne kjemper på marken med et tykt moselag over sig, mens der av og til vokste graner med røttene slynget rundt dem. Å klyve over dem var ikke alltid lett, og det resulterte i at en blev god og våt, da mosen på grunn av det så å si daglige regnvær var gjennemtrukket som svamp. Solen så vi ikke skinne hernede, det var bare når vi kom op i fjellskråningene at vi fikk noen stråler av den.

Skogbunnen var forholdsvis ren. Der var lite av slyngplanter, men der var en plante, omtrent mannshøi og med store, lysegrønne, fingerformede blader, som vi gruet for å komme i nærheten av. Det var «Djevleklubben» [Oplopanax horridus], hvis blader på undersiden var besatt med lange, skarpe nåler, og som alltid stod og bød sig frem med en hjelpende hånd der hvor det riktig kunde trenges. Vi måtte begynne å bruke hansker, men de måtte være tykke. — Av giftige kryp var der ingen — ja, selv spyfluer var der få av. Vi gav dem heller ikke meget å fråtse i, da alt avfall blev kastet i elven, og kjøttet heiste vi op i trærne, hvor en luftning holdt insektene borte. Av større vilt var der litt bjørn og hjort, men ikke nok til å skaffe mat til 17 sultne mannfolk. Der var også en liten, vakker gnager som kaltes chipmunk. Den minnet litt om et ekorn, bare at den var mindre, og den buskete halen var fyldigere. Den hadde sine ganger i jorden og var svært tam eller rettere sagt uredd når den visste at der var mat å hale. Jeg laget et slags bur og fanget noen ved å legge mat under en kasse som var støttet op med en pinne hvortil jeg hadde festet en hyssing. Og ventetiden blev aldri lang før chipmuken var innestengt.

Til opbevaring av mat som kunde bli bedervet, laget vi en bod like ved leiren; det samme gjorde jeg for å skaffe mørkerum. Når vi traff på et av de store nedfalne cedertrærne, behøvde vi bare med øksen å fjerne det ytre, råtne lag av ca. 1 fots tykkelse, så kom vi inn til den knusktørre veden. Strukturen av denne var slik at den lett lot sig splitte i tynne bord, så det stod ikke lenge på å bygge det fineste hus.

Av fisk var der ingen i elven her oppe, da laksen som der var sånn masse av lenger nede, ikke kunde komme op de store fossefallene. Det var morsomt å se hvordan der stod store laksestimer i kulpen nedenfor fossene og forsøkte å arbeide sig opover ved høie sprang.

En dag fikk jeg beskjed om at der til Seattle var kommet et skib fra min hjemby, og jeg fikk da en ukes permisjon for å reise dit ned. Det var på vårparten da laksen søker op i elvene for å gyte. Jeg fikk en ridehest, da turen til jernbanen ellers vilde ta 3 dager. Da jeg skulde krysse en elv, vilde hesten min absolutt ikke uti. Jeg kunde ikke forstå hvad som var i veien, og hverken pisk eller sporer hjalp. Men så opdaget jeg med ett hvad som var årsaken. Hele bunnen i den krystallklare elven var en eneste vibrerende masse. Det var laks som var stuet sammen og arbeidet sig opover så tett at der var bare lakserygger å se. Jeg gikk av hesten, samlet en del store stener, og ved å kaste sten og samtidig drive hesten med sporene fikk jeg åpnet en passasje — noe i likhet med overgangen over Jordan. Det hendte ofte at jeg så bjørn sitte på en sten ved elven, hugge labben i en laks og dra til skogs med den. Indianerne var ute med høigafler og stakk laksen og samlet den i store hauger på bredden. Senere tørret de den. Når vannet i elvene sank, blev en masse laks liggende igjen i kulpene og begynte snart å råtne, slik at det i stille vær blev en fryktelig stank.

På veien tilbake måtte jeg agere kvegdriver, idet vi drev levende kreaturer op til leiren for å slakte dem der. En gang husker jeg at vi holdt på å slippe op for proviant, da flom i elven hadde gjort det umulig å få fraktet kjøtt og andre matvarer op til oss. Da der så endelig en eftermiddag kom en okse til leiren, blev den slaktet øieblikkelig, og to timer senere lå lårene som biff på bordet. Man får puntlærsmave av å ferdes ute slik, så man fordøier alt.

Da det led ut i desember, begynte været som stadig hadde dynket oss, å slå om til sne. Og da den først begynte, kom den så det forslo. Den milde, fuktige luften, som med vestenvinden fra havet strøk rett op gjennem dalen, blev når den støtte mot fjellkjeden hurtig avkjølet av den kalde vinden østenfra. Så dannet der sig store, våte snefiller som ikke var lenge om å bli til et fler fot tykt lag. Stille og rolig falt sneen ned den første aften, og der blev julestemning over skogen rundt teltene våre, hvor parafinlampene lyste i mørket. Da vi våknet om morgenen, var vi nesten nedsnedd, da den våte sneen hadde tynget teltene ned. Vi var jo ikke fullt forberedt på noe sånt, så sneskuffer var der mangel på; men ut på

West Seattle grain elevator. — West Seattle kornsilo.
[unknown] Wilse No 104 & 1988.33.226 [MOHAI]

dagen blev der rådet bot på dette, da der jo var treverk nok for hånden av falne cedertrær.

Nu begynte et strabasiøst arbeide med truger på, men det gikk det også. Det verste var å få tørket klær, da vi hver aften var dyvåte av fuktig sne, så vi hver morgen måtte ta nytt skift på. Og vårt første arbeide om morgenen var å skuffe teltene fri for sne.

En dag fikk vi et uventet besøk, idet presidenten for selskapet, selveste jernbanemagnaten Jim Hill, kom og overnattet hos oss. Han kom sogar over fjellet. Jeg gad gjerne se om noen her hjemme i hans stilling vilde gitt sig i kast med de strabasene det var forbundet med.

Vi arbeidet oss nu efter hvert nedover i dalen, og på den måten kom vi mer og mer bort fra snemassene. Da vi feiret julaften, var det grønt rundt oss og en temperatur som tillot at vi kunde kose oss utenfor teltene i skjorteermene.

Som et eksempel på hvor meget sne der kan falle på selve fjellovergangen, kan anføres at ved skinneleggingen, da der var 300 mann i arbeide, var der steder hvor sneen var 33 fot dyp. På steder hvor banen gikk på fylling, blev der en skjæring så høi at en mann på toppen av de store lastevognene ikke kunde se over snekanten.

For å få banen ferdig hurtigst mulig og ikke avvente fullførelsen av en 3 engelske mil lang tunnel, måtte vi bygge en såkalt «switchback» som likesom bestod av trappetrin, og hvert trappetrin forbundet med det neste i stadig stigning. På den måten nådde vi op til toppen av fjellet. Det var morsomt å se toget fly frem og tilbake i fjellsiden og samtidig arbeide sig opover. Denne metoden var den billigste for å komme over, om den enn tok nokså langt tid. Foruten denne måten å komme opover på i bratt terreng, benyttet vi den

Steamer — Dampskipet. "State of Washington Coupeville" in Deception Pass.
[1898] Wilse No 771 & 1988.33.337 [MOHAI]

såkalte «loop», som også i Norge er benyttet på Raumabanen.

Ut på våren blev jeg forflyttet til hovedkontoret i Snohomish [Washington] som sjef, direkte under Stevens og med inspeksjonsturer av og til under banens bygging. Når en slik bane skal bygges, er det første som gjøres å anlegge en transportvei. Og med den kommer alt det pakk som slår sig ned for å leve på arbeidernes lønninger. Drikke- og spillebuler med alle slags løse eksistenser — kvinner som menn — gjorde det mange steder farlig å ferdes i den ellers så fredelige dal. Revolveren hang ved beltet på dem som var der for å utsuge arbeiderne, og den blev nok også brukt i utide mange ganger.

Oppe i dalen ved foten av fjellkjeden var der tømret en hel liten by, bygget av stort rundtømmer som var ryddet av veien for å føre banen frem. Byen fikk ikke lenger levetid enn til banen var ferdig, og det var et trist syn å se den øde, folketomme gaten da den var forlatt. De fleste skilter hang ennu på veggene, mens vinduer var fjernet eller knust og gaten var bunnløse sølehuller. Jordbunnen bestod av dyp, bløt jord dannet av råtnende planter og trær, som hadde ligget der i hundrer av år. For å få veien brukbar måtte vi bygge den som en hel flåte av tømmer, som blev lagt på tvers av kjørebanen og påfylt med jord og grus. Men den måtte stadig vedlikeholdes. Og da den lille byen ikke hadde noe kommunestyre, var gaten aldri i ordentlig stand. Der, som så mange andre steder, var man meget forsiktig med å gjøre noe med veien hvis det kunde komme andre til gode. I den lille byen var gaten i god stand utenfor dem som vilde lokke kunder til sig, men hvis nabo-eiendommen ikke var bebygget eller der kanskje bare stod et vareskur, var gaten på dette sted bunnløs av vann og søle.

S. P. Co. 1775 — Eagle Harbor, Bainbridge Island.
— Eagle Harbor, Bainbridge Island. [unknown] 1988.33.112 [MOHAI]

øst for fjellene
Spokane — vanskelig tid i Seattle — Kaslo i British Columbia
— Olympia — Mount Rainier

Ut på sommeren 1892 blev jeg gift [med Helen Marie Hutchinson]. Jeg var blitt forlovet under besøket i Norge i 1889, og nu kom min forlovede over, og vi blev viet i Seattle av Sperati [Carlo A. Sperati (pastor)] som sommeren 1936 gjestet Norge med Olavsguttenes orkester.

Om sommeren neste år var vi så vidt ferdig med banen vestenfjells at kontoret kunde flyttes over til østsiden av fjellene. Det blev oprettet et kontor i Spokane i den østre del av staten Washington. Her blev det for mitt vedkommende hovedsakelig kontorarbeide med endelig ordning av arkivet vedrørende linjens spor og broer.

Vi hadde nettop sendt av gårde alt som angikk de siste til hovedkontoret i St. Paul i Minnesota, da vi midt på natten fikk et ordentlig sjokk ved meldingen om at den største av våre trebroer var brent ned. Det var en bro på over 600 fots lengde og 70 fot største høide. Den spente over en dyp slukt i nærheten av Columbiafloden i et land som nærmest lignet en ørken, knusktørt og bare sparsomt bevokset med vidje. Og selv om der hadde vært anledning til å skaffe vann, vilde det ha nyttet lite å forsøke å slukke, da broen var bygget av det feteste furutømmer.

I den tidlige morgen blev der trommet sammen mannskap og jernbanevogner, og min sjef og jeg som var de eneste ingeniører som ennu var ansatt ved banen, blev med teltutstyr sprengkjørt ut til brostedet, som lå noe over 100 mil i vest.

Det var et trist syn som møtte oss — den dype slukten med det rykende tømmer i bunnen. Da alle våre profiler var i St. Paul, var det første vi hadde å gjøre å få rensket op, så vi kunde få nivillert op slukten og begynne å tegne broen om igjen. Så var det telegrafisk å bestille nytt tømmer fra Seattle. Med min sjef ved nivelleringsinstrumentet og en mann løpende mellem ham og mig med høidene ved de forskjellige brokar, tegnet jeg så op på rutepapir de forskjellige spenn og telegraferte etter hvert de forskjellige dimensjoner vi måtte ha. Innen aften hadde jeg tegnet op hele broen, beregnet tømmeret og telegrafert bestillingen i sin helhet til sagbruket. Først da mørket falt på, kunde vi ta oss mat, en hvil og en røik. Vi hadde da holdt det gående i ett kjør siden klokken 4 om morgenen.

Efter hvert kom så det ene arbeidstog efter det annet med fullt utstyr for å bygge en midlertidig bane over bruddstedet, samt for å hjelpe til med transport av passasjerer, bagasje og post. Først måtte vi få i stand en gangvei ned og op dalsøkket. Nu var det heldigvis bare sand, jord og rullesten å baske med, så det gikk forholdsvis fort. På ukedagen efter branden kunde vi føre tog over den provisoriske broen, og den egentlige broen hadde vi ferdig 5 uker efter branden. Det var en rekord som blev smigrende omtalt i de amerikanske tekniske blader.

Hele affæren hadde kommet brått på. — I nattens mulm og mørke hadde jeg forlatt mitt hjem, hvor min hustru blev sittende igjen med en liten, seks måneders gutt [William Hutchinson Wilse, født 1893]. Jeg hadde ikke fått med mig det aller nødvendigste engang, og jeg kan ikke si jeg følte mig noe særlig vel der ute før spenningen var over. Da det første tog var kommet vel over, tok jeg med det inntil byen for å få bade og bli barbert. Som erindring fra stedet hadde jeg med mig hjem en hel liten sekk med en fugl som kaltes «sedgehens». Den minner noe om årfugl, men den hadde en smak av salvie efter de buskene som vokste der ute. De var meget lette å komme på skuddhold, så de kunde skytes med revolver — ja, endog kastes ihjel med sten.

Så kom den dag da også Mr. Stevens og jeg fikk vår siste lønning fra hovedkontoret i St. Paul. Banen var ferdig og i drift — og så var selskapet ferdig med oss. Det er en praktisk

Moonlight on the Sound. — Måneskinn på sundet.
[1900] Wilse No 1179 & 1988.33.252 [MOHAI]

og hårdhendt metode, men slik er det i Amerika — man må stadig være på jakt efter nytt arbeide.

* * * * *

Det blev dårlige tider der ute da jernbanebyggingen likesom tok en pust i bakken. Å gi sig til i den lille innlandsbyen var det liten mening i. Og så flyttet vi med våre eiendeler over til Seattle, hvor der var billigere å leve og mer liv og rørelse. Men det blev nok å vente og vente og fly og forhøre sig på alle kanter. Nei, der var ikke noe å gjøre hverken her eller andre steder. Den ene måned gikk efter den andre, og de små midler vi hadde lagt oss til beste, svant hurtig inn. Kjøpmannen som vi tok våre varer fra, blev utålmodig, og for å stille ham tilfreds, måtte vi pantsette alt sølvtøiet vårt.

Endelig fikk jeg ut på vårparten arbeide ved byggingen av en bane inn til noen sølv-gruber i British Columbia. Jeg måtte først reise alene for å se om jeg kunde ta familien med. Det var en lang reise fra Seattle, og det vilde bli en drøi tur for min hustru som nu hadde to små å trekkes med [William og datter, Abbie Helen Wilse, født 1894]. Men da det å holde to husholdninger falt dyrt, besluttet vi at hun heller fikk forsøke å komme efter. Hun måtte ha med sig en del til å utstyre det ene værelset jeg hadde leid, og dette var ikke så lett å ordne, da turen først gikk østover med jernbanen over fjellene inn i staten Montana. Der måtte hun bytte over til en stor hjulbåt som gikk opover den lange innsjøen Kootenay [British Columbia, Canada] inn i hjertet av landet. Ved bredden av denne sjøen, kranset av høie fjell, lå den gang en liten mineby, Kaslo, med et innbyggerantall på ca. 200 — riktig en forpost mot det indre, ville fjellland. Ca. 30 engelske mil op en dal, som munnet ut der byen lå, var de store sølvminene langt oppe i fjellskråningene. Malmen blev fraktet

Campers on Lake Washington. — Telting i Lake Washington.
[unknown] Wilse No 1436 & 1988.33.100 [MOHAI]

ned i lærsekker på ryggen av muldyr.

Jeg benyttet fotografiapparatet mitt ganske flittig her oppe, og jeg kom til å ta en del fotografier som bevirket at jernbaneselskapet tjente 5000 dollar. Det hadde sig slik at jeg hadde tatt en del fotografier oppe i dalen hvor jernbanen skulde bygges. Dalen var bevokset med en glissen furuskog av ubetydelig størrelse og verdi. Efterat vi hadde hugget ut og begynt å bygge banen, kom eieren og fordret en urimelig erstatning; 5000 dollar, for skogen. Dette ledet da til et saksanlegg, hvorunder jeg kunde fremlegge fotografier av tilstanden før uthuggingen, og på basis av disse vant selskapet saken.

Det var ikke nettopp noe ønskested for småbarn der oppe, da der var vanskelig å skaffe melk. De to eneste kuer stedet hadde å fremvise, skulde forsyne hele byen. Der var heller ingen veier for min hustru å mosjonere på, så var det en som var glad da vinteren kom og vi kunde flytte tilbake til Seattle, så var det henne. Den eneste omgang hun hadde der oppe, var mig og min sjef — en eldre ingeniør. Men vi glemmer aldri de praktfulle måneskinnskvelder med speiling over sjøen, som vi kunde se fra vår veranda, eller de måneskinnsturene som hjuldamperen gjorde som ekstraturer.

I denne byen hadde flere engelskmenn av bedre familie slått sig ned som et slags forvisningssted. De blev kalt «Remittance-people» (pengeforsendelsesfolk), da de hver måned fikk tilsendt et visst pengebeløp som de skulde leve for. De hadde således ikke noe ordentlig å gjøre, men tilbragte tiden med fiske, jakt og røking. De fleste av dem var dannede folk. Jeg stiftet bekjentskap med flere av dem og fant at de var hyggelige karer.

Så kom vi tilbake til Seattle igjen. Tidene hadde ikke forandret sig — tvert imot — og det gjaldt å ta hvad som helst for å holde ulven ute.

Men til slutt var jeg dog så heldig å få arbeide ved regjeringens kontor for opmåling i

Photographer Wilse in Lake Washington. — Fotograf Wilse ved Lake Washington.
[unknown] Wilse No 940 & 1988.33.97 [MOHAI]

Olympia, staten Washingtons hovedstad — som den gang var en by på ca. 3000 innbyggere. Jeg skulde tegne karter efter opmåling som var utført i marken i løpet av sommeren. Da arbeidet til å begynne med var midlertidig, torde jeg ikke flytte over med familien; men jeg lot den være i Seattle og tok hver lørdag dampbåtturen hjem og besøkte dem. Så fikk jeg mer fast ansettelse. Vi flyttet da over og fikk leid oss et riktig koselig hus som lå fritt i en liten have, hvor barna riktig kunde få tumle sig.

* * * * *

Rett syd for Olympia hadde vi fra byen utsikt til et herlig snefjell, som hevet sig som en høisåte til en høide av 14 400 fot og med evig sne til ca. 10 000 fot. Det var Mount Rainier. Og det var ikke til å undres på at det daglige syn fikk lengselen efter å bestige det til å vokse sig så sterk at det *måtte* gjøres. Og da ferien kom, blev 5 av oss enig om å våge foretagendet.

Da det var 60 mil inntil foten, måtte vi ordne med transport. Vi leide en farmervogn med to hester, og på denne lastet vi teltutstyr og proviant for 14 dager. Tre av deltagerne brukte sykkel — vi andre lå slengt på lasset. Så langt som til foten av fjellet var veien forholdsvis bra, men der hvor opstigningen tok sin svake begynnelse — inn gjennem en tett kjempeskog — var veien så elendig at både syklistene og vi andre måtte bruke bena. Skarveveien førte op til et platå — en ren naturpark i 5000 fots høide. Den kaltes «Paradisdalen» — et navn den fortjente med rette. Her var store gressbevokste sletter med de herligste alpeblomster, små sjøer og slanke høifjellsgraner. De stod og gjorde sig til og speilte sig i det krystallklare, grønne vannet. Selve fjellet strakte ut brearmer — som armene på en blekksprut — fra den runde toppen.

I denne herlige naturen slo vi leir og slapp hestene løs. Første dagen blev tilbragt med orientering: hvorledes vi skulde legge ruten for å nå toppen på kortest tid.

Vi tørnet tidlig ut neste dag og provianterte for 2 dager med sjokolade, kjeks, rosiner og havremel på feltflasker. Så begynte vi den slitsomme opstigningen. Ut på eftermiddagen nådde vi op under et loddrett fjell — Gibraltar — ved hvis fot der skulde være en passasje, om enn liten — og med en styrtning på flere hundre fot på yttersiden. Der var imidlertid et «men», og det var at der på den tid av dagen gikk småras ned fra fjellet og gjorde det livsfarlig å ferdes der. Der var derfor intet annet å gjøre enn å vente til natten, da det vilde fryse på.

Vi var nu kommet op i 10 000 fot. For å få slengt oss ned — vi kunde jo ikke bli stående eller gå omkring her oppe i kulden og mørket — arrangerte vi et nattelosji ved å rydde vekk sten på en fremstående hammer, slik at der blev liggeplass til alle seks. Vi valgte stedet så langt vekk fra den loddrette fjellveggen (Gibraltar) at ras ikke vilde ta oss. Men plassen var ikke større enn at ben og armer hang ut over kanten av det minst 2000 fot dype stup.

Huttetu — for en natt! Hele tiden hørte vi dunderet av breene som kalvet eller laviner som strøk nedover. Vi hadde ikke annet «sengetøi» enn regnfrakkene — og der var mange graders kulde, og vinden ulte i fjellskaret. Der blev naturligvis ingen søvn der vi lå sammenstuvet og stirret op i den stjerneklare, dypblå himmelen. Leiren kalte vi «Stjerneleiren» — Camp of the Stars.

Klokken 4 — så snart det bare blev antydning til en lysning — var vi på benene. Vi blev bare 4 på turen — tre av oss og føreren — da de andre 2 fikk neseblødning og sus for ørene. De tålte ikke den tynne luften. Hadde opstigningen til denne leiren vært anstrengende, så var det bare barnemat mot det som ventet oss. Det var den ene bratte isbre efter den andre, hvor vi måtte hugge trappetrin. Rett som det var måtte vi også omgå fryktelige sprekker, som åpnet sig ned til uendelige sluk. Efter hvert som vi kom opover blev det mer og mer anstrengende å holde det gående — enda de øverste 2000 fot gikk opover en forholdsvis slakk sneflate. Vi kunde ikke ta mange skrittene før vi måtte slenge oss ned på sneen og få pusten igjen.

Endelig kom vi ut på kveldingen op til toppen, hvor der var en svart stenkant rundt en fordypning, som tydelig viste at her hadde vært et vulkansk krater. Kanten måtte ennu være varm, da det lot til at is og sne aldri fikk bli liggende. Det blåste en ren storm her oppe, og for å få fotografiapparatet til å stå, måtte jeg anbringe det på en sten og laste det ned med stener. Jeg hadde også bragt med mig et pund bengalsk lys [blå bluss], som jeg skulde tende på for at min familie skulde se at jeg var nådd op. Men stormen gjorde det umulig.

Nedturen gikk strykende, og efter 10 dagers fravær var vi tilbake i våre hjem. Vi hadde fått tilfredsstillet vår nysgjerrighet om hvordan det så ut oppe på dette fjellet. Utsikten var strålende, vi så fjelltopper nedover i Oregon og California. Og fantastisk var det en morgen da tåken lå dypt under oss, å se de — mektige sukkertoppene i Oregon stikke op over tåken — som isfjell på et bølgende hav.

Mount Rainier har vært en av indianernes helligdommer — og de gjorde valfarter dit. Nu er der lagt en bred bilvei helt op til «Paradisdalen», og der er bygget store hoteller. Skisporten og norske ski har vunnet innpass, og der holdes store skikonkurranser.

Efter hvad vi kunde finne ut var det bare 21 som hadde besteget toppen da vi gjorde turen.

Black River near Renton. — Black River ved Renton.
[unknown] Wilse No 1365 & 1988.33.92 [MOHAI]

jeg blir fotograf
forretningen startes — Yellowstone Park og ekspedisjonen til Granite Range — gresshoppebreen — «Pussy»

Årene gikk. Og som det alltid er i Amerika, blev jeg engasjert til å utføre det ene arbeide efter det annet. Men når det var ferdig, måtte jeg gå — og så var det å søke efter noe nytt. Dette var ikke bra i lengden — særlig da familien vokste. Det gjaldt derfor å starte noe på egen hånd.

Hele vinteren 1897 hadde jeg vært optatt med et større arbeide for fylket som Seattle lå i. Det bestod i utparsellering og beregning av skattetakst over det store areal som ligger blottet ved lav-vann i Seattles havn. Jeg hadde overanstrengt mig til den grad med beregninger at jeg så tall på gaten og snakket om tall i søvne. Så tenkte jeg det fikk bære eller briste. Jeg sa op min stilling, gikk ned i byen til en fotografhandler og bad ham sette mig i forbindelse med en friluftsfotograf. Og det gjorde han så å si på dagen.

To dager efter at jeg hadde sluttet med mitt ingeniørarbeide var jeg «Scenic Photographer».

Jeg var kommet i kompani med en omreisende fotograf. Jeg skulde bestyre kontoret i Seattle, fremkalle og kopiere, mens han skulde reise rundt og fotografere alt som kunde ventes å innbringe penger. En av de viktigste inntekter var å fotografere grupper av dem som holdt på med tømmerdrift i de store skogene og som tjente godt. Nu fant jeg nokså snart ut at min kompanjong lot mig utføre alt det viktigste og tillike mest pengeslukende arbeide, mens han tok det med ro, levde godt og innkaserte penger på de fotografiene jeg laget og sendte ham. Efter 6 måneders kompaniskap gjorde jeg ham det forslag at jeg løste ham ut mot 600 dollar kontant. Det gikk han med på, og så blev jeg eneeier av forretningen.

Magnolia Bluff bicycle path. — Magnolia Bluff sykkelsti.
[unknown] Wilse No 490 & 1988.33.239 [MOHAI]

Woodland Park. [unknown]
Wilse No 445 & 1988.33.333 [MOHAI]

Jeg utvidet ved å motta tegninger for blåkopiering fra ingeniører og arkitekter. Jeg hadde jo mange bekjentskaper blandt disse, så jeg fikk snart meget å gjøre. Jeg preparerte papiret selv — stod i det hele tatt alene med alt — så jeg måtte henge i som en smed. Fremkallelsespapiret var ikke i handelen den gang, så all kopiering foregikk i rammer som blev lagt ut i dagslyset, for så å bli tonet i gullbad. Dette var jo en lang prosess i forhold til nutidens måte å kopiere på.

Forretningen vokste slik allerede det første år at jeg snart måtte ha hjelp, både til å utføre det manuelle arbeide og for å gi mig anledning til å komme ut og fotografere uten å være nødt til å stenge forretningen. I disse årene blev de store gullfunn gjort i Alaska, og all trafikken til og fra Klondike gikk over Seattle. Dette skaffet mig meget arbeide med fotografering og kopiering. Senere kom Phillipinerkrigen, som gav meget arbeide med fotografering av troppetransportene til og fra disse øer.

Da jeg hadde drevet forretningen i litt over et år, fikk jeg tilbud om å delta i en ekspedisjon for Rockefeller til det ville, ikke kartlagte landet i Montana og Idaho utenfor Yellowstone Park. Ekspedisjonen skulde være borte i 3 måneder og bestå av 7 mann med 17 hester. Jeg skulde få god lønn og bli eier av alle de platene jeg tok.

✳ ✳ ✳ ✳ ✳

Min opgave som fotograf og topograf var å lage et kart ved hjelp av fotografier, barometer og kompass. Landet var ytterst vilt, og lå fra 7—12 500 fot o. h. og var ca. 180 engelske mil i firkant. Det var også helt ubebodd, da det i hele sin utstrekning lå over tregrensen. Det kaltes Granite Range [Montana], idet det vesentlig bestod av grå granitt. Vi skulde søke efter forekomster av mineraler samt å kartlegge. Den amerikanske opmåling hadde kartlagt landet rundt omkring, men hadde ikke bekymret sig om dette terreng. Våre 17 hester fikk vi ikke daglig videre bruk for da vi endelig kom til vårt egentlige arbeidsfelt. Men vi begynte turen med en ferd gjennom Yellowstone Park, en tur som tok oss 10 dager på hesteryggen uten lengre leirophold enn fra klokken 6 aften til 8 morgen. At vi fikk tillatelse til å gjøre denne turen på hesteryggen, skyldtes vår sjef, som hadde vært direktør for «Mynten» i Philadelphia og var en av Amerikas førende eksperter på mineralogiens område. Selve arbeidet var som det bruker å være på slike undersøkelses- og kartleggingsekspedisjoner, men jeg oplevde enkelte episoder som har festet sig i erindringen.

Efter turen gjennom Yellowstone Park kom vi til grensen av vårt arbeidsfelt, hvor der lå en liten mineby, Cooke City [Montana], med 200 mennesker, hvorav en stor del var mineralsøkere (prospectors) og pelsjegere. Ved leirilden om kvelden fikk vi besøk av mange nysgjerrige. Dette var nokså naturlig, da det jo ikke var hver dag man fikk besøk av et så stort selskap, som blandt andre tellet 2 av Montanas mest kjente speidere fra indianerkrigen. Disse var nærmest engasjert for å stelle med hestene og skaffe friskt vilt til leiren. Apropos maten, kan jeg nevne: En kilometers vei fra der hvor vi hadde slått leir, lå en liten innsjø, nu opkalt efter min hustru, Lake Helen [Wyoming]. Rundt omkring den vokste der en del gran og furu. Jeg var blitt opmerksom på at der spratt fisk, og bestemte mig derfor til å forsøke fiskelykken. Men da jeg ikke hadde noen stang og bare et primitivt snøre — og da der heller ikke fantes noen båt, fikk jeg noen av guttene med mig, og ved hjelp av øksen og noen spiker hadde vi snart fått i stand en flåte. Jeg hadde ikke fått snøret ordentlig ut, før der hang fisk på. Og efter en time hadde jeg trukket op så meget fet, stor ørret at potetsekken som agerte fiskekurv, var godt kvart full. Jeg hadde fått mer enn vi kunde fortære før den blev bedervet — men kaste noe av den fine fisken vilde jeg nødig. Så kom jeg til å huske på at hjemme i Norge røker man fisken. Jeg bygget så en barhytte, og efter å ha gitt fisken en natts salting hengte jeg den op på spiler i barhytten og tendte på. Nu hadde jeg aldri røkt fisk før, så følgen var at jeg lot det bli for varmt. Fisken blev nok røkt, men samtidig falt kjøttet fra benene. Så var det å bli kvitt fisken, men det var verre. Amerikanerne (jeg var eneste utlending) vilde ikke smake den, da de påstod den var rå. Mig smakte den derimot strålende — og tankene gikk tilbake til Norge. Ja-ja, når de ikke vilde ha den, så vilde de ikke — der var ikke noe å gjøre ved det.

Når vi forlot leiren om morgenen, gikk vi tre ingeniører som oftest hver for oss, og vi fikk med oss lunsj for dagen. Jeg tok også med mig en god porsjon røket fisk. Så hendte det en dag at en av jegerne våre dumpet på mig ute i fjellet ved lunsjtid. Han var uten mat. Vi slo oss ned ved en bekk, og jeg bød ham av min lunsj. Da den ikke var beregnet på to, måtte også fisken spises. Det holdt hardt å få John til å ta den røkte fisken innenfor tann-garen, men da den først var kommet der, gled den fort ned. Da vi kom hjem, fortalte han hvor god fisken var, og jeg skal si den fikk rivende avsetning efter den dagen — dessverre. Efter denne leiren blev der nemlig ikke anledning til å fiske mere, for da drog vi inn i ville, grå berget.

Av jegere var vi med en litt mystisk undertone blitt fortalt at der langt inne i fjellet lå en bre full av gresshopper. Vi festet oss ikke større ved dette, men en dag som så mange andre var jeg klatret op på en 12 500 fot høi fjelltopp for derfra å få tak på retningen av et vannløp. Jeg hadde nettop fullført mine observasjoner, da jeg kom til å se ned mot fjellets fot. Og her fikk jeg se noe forunderlig. Der var en bre — men en bre hvis overflate nærmest så ut som huden på en elefant. Jeg gikk ned på den og fant at de stripene som gikk på tvers var hauger av døde gresshopper. Ved foten lå der hele jernbanevognladninger med hoder og lår av gresshopper. I breens sprekker kunde jeg se tykke lag av disse insekter. Langt

U. S. Government Reindeer Expedition to Alaska.
Sami reindeer herders on way to Alaska. — Samisk reindriftsutøvere på vei til Alaska.
[1898] Wilse & Kirk No 557 & UW SEA2665 [UWL]

nede i sprekkene så jeg at der lå et lag gresshopper, så et lag is og så et lag gresshopper igjen. Jeg fylte kaffeflasken min med prøver, og jeg skal si der blev opstyr i leiren da jeg kom og fortalte om min opdagelse.

Fjellet som jeg opdaget breen fra, blev av min sjef døpt Mount Wilse [Montana].

Fra denne breen fløt der en ganske stor elv, som vi ikke kunde få plasert ordentlig på kartet, heller ikke hvor den havnet ute i det kartlagte land. Så fikk en av de andre ingeniører og jeg i opdrag å legge den inn. Og utstyrt med hvert vårt ullteppe, ti dagers proviant på ryggen og med gode, solide støvler og klær drog vi av gårde.

Første natten kamperte vi oppe på en fjellkam efter å ha klatret over hushøie stener — eller under dem, idet vi fulgte elvens løp gjennem et forferdelig ulende. Vi jevnet ut bakken så vi fikk en flate å ligge på, la så proviantsekken under hodet og sovnet snart inn. Utpå natten blev vi vekket ved at noen store fjellrotter vilde dra avsted med hodeputene. Vi fikk dem av gårde med megen stygg snakk og sovnet snart igjen — for å våkne nedsnedd ved daggry. Det smaker ikke godt å tørne ut under slike forhold uten å få noe varmt i sig. Men det var det ikke tale om her. Vi var langt over tregrensen, og der fantes ikke noe brennbart. Senere på dagen arbeidet vi oss hurtig ned mot en dal, hvor der vokste noen vidjer. Her lå der ennu sne, og da solen kom frem, blev det en fuktig vandring.

Den femte dag nådde vi toppen av et fjell for å ta observasjoner. Vår glede var stor da vi under oss på den motsatte side hvor vi kom fra, så den brune prærien strekke sig utover, mens der bak oss lå et vilt fjell-landskap med glitrende breer.

Så bar det nedover. Men å komme ned til det flate landet var ikke noen lett sak, da fjellet var glattskurt. Endelig fant vi et lite dalsøkk, hvor vi ved delvis å bruke buksebaken til å skli på, kom ned til bunnen, som var bevokset med høit, nu gulnet gress. Da vi kom dit ned, stod der op en veldig sky av gresshopper, og som vi gikk videre, blev skyen stadig større. Nu hadde vi, foruten å ha løst gåten om hvor breelven kom frem på prærien, også løst det mystiske gresshoppespørsmål. Dette kunde høist sannsynlig forklares slik:

Om høsten samledes gresshoppesvermene her i denne dalsenkningen for å emigrere over fjellet. Når de så kom på høidedraget efter å ha fulgt elvens løp, kunde det hende at de blev møtt av snestorm på breen, falt ned og blev nedsnedd. Mot våren gikk så sneen over til is og dannet et nytt lag på breen. Når der var lag i breen hvor der ikke fantes hoppere, tyder dette på at de ikke har emigrert den høsten eller at de er kommet vel over.

Da vi kom ned på prærien, så vi ut som regulære lasaroner. Av støvler og klær var der bare sørgelige rester igjen — den skarpe granitten hadde forsynt sig godt.

* * * * *

At hester har forstand — ja intelligens — det får den erfare som kommer i kontakt med disse dyr under forhold hvor det er ene og alene dem man har å stole på. Og man må snart erkjenne at det langt fra er et uvitende dyr man har med å gjøre, men et vesen, som når det blir forstått og riktig behandlet, kan vise egenskaper som gjør at man blir uendelig glad i det — ja opfatter det som en god, trofast venn.

Ute i Montana har de en hesterase som kalles Mustangpony. Den er en krysning av den fyrige meksikanske pony og indianernes tro og kloke pony. En slik hest var det som blev overlatt mig i Bozeman i Montana ved ekspedisjonens begynnelse. Hesten var hvitgrå, nokså lubben, og med øine som ikke sa noe hverken til dens fordel eller det motsatte. Den het «Pussy» — og noen veddeløpshest var den ikke. Men til gjengjeld var den ualmindelig sikker i gangen, og det var en stor fordel på den turen den skulde være med på. Med hesten fulgte meksikansk sal og en grime, men ikke noe bissel. Dette syntes jeg var noe eiendommelig. Men hestene blev her ute alltid styrt med knærne på indianervis. Dette er jo en

Sami reindeer herder on train car. — Samisk reindriftsutøver på togvogn.
[1898] Wilse & Kirk No 561 & UW SEA2673 [UWL]

fordel for hesten, som på den måten har munnen fri til å spise når der er anledning.

«Pussy» og jeg blev snart gode venner, og det vennskap og den forståelse som hersket mellem oss kom til å redde mig ut av en kinkig situasjon.

Vi var leiret langt inne i hjertet av det ville Granite Range, da posten bragte min sjef et viktig brev, som måtte besvares øieblikkelig. Jeg blev spurt om jeg neste morgen vilde påta mig å få et brev frem til postdiligencen, som gikk fra nærmeste stasjon — noe over 40 mil borte i luftlinje. Den ruten som måtte rides, blev adskillig lengre, da der hverken fantes veier eller stier.

I grålysningen ved 4-tiden var «Pussy» og jeg klar — og avsted bar det uten annen bagasje enn 4 stykker smørbrød med pølse på. De første 20 mil gikk det strykende op gjennem noen forholdsvis lave, gressbevokste daler. Men da den siste efter mine beregninger svingte i en gal retning, dreide jeg av og kom op på et forholdsvis jevnt høideplatå. Jeg gledet mig allerede til hvor fort jeg skulde være fremme, da skuffelsen kom i all sin voldsomhet. Jeg stod med ett ved kanten av en flere hundre fot dyp dal med loddrette sider, og så langt jeg kunde se opover og nedover syntes den å være like bratt. Å vende tilbake dit hvor jeg var dreid av, kunde der ikke være tale om, dertil var avstanden altfor stor. Og jeg vilde umulig kunne nå frem til posten gikk.

Ned måtte jeg — der var intet annet å gjøre enn å forsøke å finne et sted hvor der kunde være en chance. Jeg fant en kløft hvor sten i århundrer hadde rast ned og dannet en slags skråning, men hvor langt den rakk, kunde jeg ikke se. Jeg fikk våge det.

Før vi begynte, snakket jeg til «Pussy» — lot den se på kløften, løsgjorde det 12 fot lange ledetau og begynte nedstigningen. Jeg gikk nedover så langt tauet rakk, snudde mig så mot «Pussy» og kalte på henne med opmuntrende tilrop. Og «Pussy» kom, satte sig ned og skled nedover til der hvor jeg stod, for å få en påskjønnende klapp. Så gikk det videre, og i 12 fots etapper var vi kommet ned kanskje en halvannet hundre fot, men da — —. Sent glemmer jeg den fryktelige situasjon vi da stod overfor.

Hvor rasene hadde sluttet, tårnet der sig nemlig op store, nedfalne blokker — mange av dem så store som små hus. Her blev det som en dominospiller å studere for å se hvor der kunde skaffes en utvei. Og det måtte gjøres før jeg begynte på affæren. Vi måtte hoppe fra sten til sten, og mange ganger var der så stor avstand mellem dem at jeg måtte ta sats og hoppe med tauet i hånden for så å få «Pussy» til å hoppe efter. Mange ganger måtte vi hoppe store omveier, da stener som var for store stengte for oss. Men endelig var vi nede i bunnen, jeg skjelvende av spenningen og «Pussy» skummende av svette.

Jeg så tilbake opover uren, og da stod det for mig som aldeles ufattelig at jeg kunne ha ført en hest ned den ville skråningen. Men jeg tror heller ikke noen annen hest vilde ha klart det. Jeg tror at det som hadde gjort det mulig, meget skyldtes den gode, ja rent menneskelige forståelse som hersket mellem «Pussy» og mig. Jeg kunde stole trygt på den.

Selv i tilfelle hvor det vilde vært naturlig at hestenaturen hadde tatt overhånd — som f. eks. når jeg slapp den løs for å gresse — behøvde jeg bare å kalle på den. Og enten kom den eller jeg kunde gå like bort til den og legge den tunge salen på den — uten spark, bit eller vrienhet. Bare én gang vilde den ikke lystre mig. Det var da vi på ferden gjennem Yellowstone Park i et tykt skogholt blev skremt av en stor bjørn som kom ut på veien like i vår nærhet: Da spratt «Pussy» i været og la sig flat langs veien uten å ville høre på at jeg godsnakket til den.

Ned var vi kommet, og så tok vi en pust. Jeg tok salen av «Pussy» og slapp henne løs, så hun fikk anledning til å rulle sig i det frodige gresset. Selv trakk jeg frem lunsjpakken; men appetitten var dårlig. Og da vi begge hadde kjølnet en del, tok vi oss et bad. Så fikk «Pussy» salen på igjen, og så bar det avsted så stenene slo gnister under oss. «Pussy» skjønte nok at vi var forsinket.

I strak galopp bar det inn til posthuset — forbi min venn, bestyreren av en sølvmine, og hans frue, som satt på verandaen og koset sig med markjordbær. Og vi nådde frem et kvarter før posten skulde gå. Så gjorde jeg helt om og drog bort til min venn, hvor jeg fikk jordbær og kunde nyte en rolig og hyggelig aften. «Pussy» fikk sig et godt måltid havre — det første på et par måneder.

Jeg blev hos min venn natten over. Mitt følge skulde bryte leir samme morgen som jeg forlot dem; men de vilde ikke forsere sig frem, så de beregnet ca. 2 dager for å nå inn til minebyen. På min venns veranda vilde jeg da kunne nyte synet av de seks mann og 16 hester når de drog forbi. Og det blev en nytelse — som nesten burde vært hoverende — for våre to speidere hadde uttalt at hvilken vei jeg enn tok, vilde jeg ikke slippe fra det med livet. De regnet mig visst allerede til de bortvandrede. Og da de fikk se mig lyslevende og i beste velgående sitte og gasse mig med jordbær, var det ikke fritt for at de blev litt fælne. Da jeg attpå til kunde berette at brevet var kommet med posten forrige dag, falt deres forutsigende evne sterkt i kurs.

En av disse speiderne hadde en gang latt falle følgende uttalelse: «Hvad faen har en to måneders fjellmann her ute å gjøre?» Den var et eselspark til mig — en uttalelse som jeg lenge efter sørget for at han fikk ta i sig igjen. Chancen kom en gang han var gått ut på jakt og vi støtte på hverandre på hjemturen. Jeg hadde mitt store apparat på ryggen og et tungt stativ i hånden. Han tilbød sig å bære dette for mig, hvilket jeg var glad for, da jeg var dyktig sliten.

Installation of stave pipe in trench. — Installasjon av stav rør i en grøft. [1900]
Wilse 58 X, UW WWDL0579 & UW 33525 [UWL]

Så kom vi til et bratt fjell på hvis side der gikk en smal spalte eller hylle, antagelig 1 fot bred. Nedenunder fjellet gikk elven i stryk. Vår kurs var slik at vi burde benytte oss av denne hyllen for ikke å gjøre en stor omvei. Jeg gikk derfor utover hyllen med ansiktet mot fjellveggen. Da jeg var kommet over, så jeg mig tilbake, men Mr. John stod ennu på den andre siden og mente at han heller vilde gå rundt. Så gikk jeg over og tok stativet fra ham. Men enda våget han sig ikke utpå. Da gikk jeg igjen, tok riflen fra ham og ledsaget ham over.

Om kvelden i leiren bad han om undskyldning for hvad han hadde sagt om den to måneders mountaineer. De er reale karer på bunnen slike folk.

vinteren setter inn
gullgraverens hytte — tilbake til civilisasjonen — hjemlengsel

Høsten og snestormene kom dettende aldeles uventet over oss. Og da sneen lot til å ville bli liggende, var der intet annet å gjøre enn å søke ut av fjellene. Sneen dekket gresset til for hestene, og vi førte ikke med oss noe ekstra fôr til dem.

Så var det å søke sig frem til prærien eller bebyggelse tvers gjennem dette ville, ikke kartlagte landet med 17 hester og bagasje. En av de andre ingeniører, Mr. Wood, og jeg blev satt til å finne veien. Våre to speidere hadde sin fulle hyre med å passe på hestene. De blev svært balstyrige over å skulle vasse i dyp sne og få lite eller ingen mat. Innen skumringen falt på, måtte Mr. Wood og jeg ha funnet en leirplass i så god tid at vi hadde

Building the dam at Black River. — Konstruksjon av demningen i Black River.
[circa 1899] Wilse No 40 X, UW WWDL0540 & UW 33524 [UWL]

fått reist teltene og sørget for at der var en myr i nærheten, hvor hestene kunde sparke sneen vekk og komme ned til gresset.

Nu var det heldig for oss at vi kunde legge ruten så lavt at vi holdt oss i furuskog, og fikk brensel til kokning og leirbål utenfor soveteltene. Nettene var så kalde at støvler og seletøi stivfrøs. Og det var ikke fritt for at vi var litt stive vi også, da vi mot skumringen tredje dags aften red frem til fjellkanten og så den brune prærien ligge langt under oss. Den dagen hadde Mr. Wood og jeg forsert oss frem slik at vi mente vårt følge vanskelig kunde innhente oss. Vi hadde gjort oss fortrolig med å tilbringe natten ute og hadde derfor spart på den medbragte niste.

Da vi stod der og så prærien ligge noe over 2000 fot under oss, bestemte vi oss til å forsøke å komme ned før mørket falt på for alvor. Antagelig var vi så slitne og irriterte over ikke å være kommet frem tidligere — iallfall var vi i en slik sinnsstemning at vi blev uvenner om hvilken vei vi skulde ta for å komme ned. Og dette var noe som ikke hadde forekommet under hele turen. Jeg holdt på én vei, han på en annen — og så blev resultatet at vi tok hver vår.

Min vei førte nedover en skråning gjennem furuskogen, hvor der var masse spor i sneen av bjørn, kuguar og hjort. Utsiktene var ikke særlig lyse. Jeg var overlatt til mig selv og skulde klare både mig og hesten, og jeg hadde ikke annet skytevåben enn en pistol som jeg brukte til skytning av «grouse» — en fugl som ligner årfugl. Det gjaldt å bruke taktikk, og den var følgende: På den snedekte skråningen stakk der op enkelte rullestener, og hellet ville at disse ikke var fastfrosset, så jeg kunde få dem løs og rullet dem nedover. De gjorde et forferdelig leven efter som farten øket. Så lyttet jeg efter ramlingen til alt var stille, og så ramlet jeg selv nedover med hesten, mer seilende på baken enn gående. Når vi var kommet et stykke ned gjentok vi stenrullingen. Og endelig var vi ved bunnen av brattlendet ved en elv, drivvåte av svette.

Efter å ha vannet hesten slapp jeg den løs og lot den gresse av det halvvisne gresset,

Family Wilse camping.
— Familien Wilse på telttur. [unknown] 1988.33.396 [MOHAI]

som nok var staskost for den efter flere dagers sultekur. Selv trakk jeg frem nisten min; vi var kommet klar av sneen nu, så tanken på å kampere ute var ikke lenger så avskrekkende. Mens jeg satt der og gjorde mig til gode med maten og småpratet med mitt kjære dyr, som i disse tre månedene hadde vært mig en slik god venn, så jeg plutselig et lys på den andre siden av elven, men i noen avstand. Hesten hadde også sett det. Det forsvant imidlertid, men ikke fortere enn at jeg hade fått tatt kompassretningen til der det hadde vist sig.

Så var «Pussy» og jeg noenlunde uthvilt, slik at vi kunde ta fatt på vår neste jobb — å svømme over elven. Vannet var iskaldt, men vi skulde nok få varmen i oss igjen når vi tok fatt på terrenget på den andre siden. Da det nu var blitt temmelig mørkt lot jeg hesten ta sig frem som den var vant til — indianerhest som den var. Og kursen «Pussy» tok var akkurat efter kompasset; det var bare for mig å speide efter lyset. Men der var intet å se, før vi efter å ha ridd over en rabbe så å si datt rett ned på en gullgravers jordhytte. Og så var vi berget. «Pussy»s fine nese hadde naturligvis luktet sig til hvor hytten lå.

Da gullgraveren hørte støi, kom han ut, og jeg fikk oplysning om hvor jeg var. Jeg fikk også vite at avstanden til nærmeste sted hvor der var nattekvarter å finne, var ca 30 engelske mil. Det var en avstand som jeg umulig kunde klare på den tid av døgnet, ukjent

McDonald and Epler Buildings, Wilse's office in Seattle, Washington.
— Byggningen der Wilse hadde kontor i Seattle. [circa 1900] 1983.10.7090 [MOHAI]

som jeg var. Og så bad gullgraveren mig om å slå mig til ro for natten. Efter å ha stelt godt for «Pussy» med rikelig havre som jeg fikk av gullgraveren, gikk jeg inn i hans paulun.

Hytten hadde jordgulv, og en jernblikkovn hang ned fra taket, som var bygget av torv over tresviller. På den ene veggen var der et lite vindu som vendte ut mot prærien, mens der på hyttens langvegg var anbragt en sammentømret nokså smal seng. Mannen holdt nettop på å koke kaffe og steke fisk, og det var i det øieblikk han hadde vært ute med lykten for å hente inn ved at «Pussy» og jeg hadde sett det lysglimt som blev vår lede-stjerne. Da jeg mente at min kamerat også vilde komme sig ned på prærien, bad jeg om å få sette lampen i vinduet og ta lykten med mig for å gå ut og rope i håp om at Mr. Wood vilde høre mig. Og ganske riktig — halvannen time senere hadde vi ham velberget inne med 2 nyskutte «grouse». Han hadde nemlig rifle med sig. Fuglene blev hurtig ribbet og kom i pannen, og så blev der fest i hytten.

Natten tilbragte Mr. Wood og jeg på bare jordgulvet uten annet over oss enn trøiene. Vi kunde jo tatt hestedekkene som vi hadde under salene, men det hadde jeg forsøkt en gang, og jeg trodde jeg skulde kovne av stanken av hestesvette.

Vi fikk oss en god søvn allikevel, og tidlig neste morgen drog vi avsted med nærmeste jernbanestasjon som mål. Ved ankomsten dit så vi jo litt mer lurvet ut enn vi syntes om, men et godt bad, et besøk hos barberen og et realt måltid med øl og dram gjorde under-verker. Og da vårt følge kom frem om kvelden, møtte vi op så nyslåtte som to av byens borgere.

Hverken folk eller hester hadde hatt det godt den siste natten. Mørket var falt på før de nådde nedstigningen, så de hadde måttet kampere oppe på fjellet. Og der hadde blåst op en snestorm slik at teltene var revet over ende.

Ekspedisjonen hadde vært en interessant oplevelse — men slitsom. God og utslitt var

Advertisement for A. B. Wilse "Scenic Fotografer". — Reklame for A. B. Wilse «Scenic fotograf». [1900] Seattle Fire Department Book, page 94 [MOHAI]

jeg efter all klatringen med det store apparatet (glassplater 24 X 30), som jeg minst to ganger i uken hadde måttet klyve op på 12 000—12 500 fot høie topper med. Som regel var de vrine å komme op på — og jeg var alltid alene.

Når en skal leve slik i villmarken er det ikke anledning til å føre med sig megen ekstrabagasje, som f. eks. byklær, og det var ikke akkurat noen spradebasser som steg inn i toget for hjemreisen.

* * * * *

Og så var jeg hjemme igjen — for å ta fatt på det som var forsømt. Men snart var alt i det beste gjenge. Forretningen vokste i den grad at jeg syntes jeg kunde innfri det løfte jeg hadde gitt min hustru om at hun skulde få ta en tur hjem til Norge med alle tre barna. Og neste sommer (1900) drog de avsted for å være der sommeren over og komme tilbake til høsten. I deres fravær fikk jeg mer anledning til å farte rundt i landet og ta naturbilleder. Jeg begynte å legge mig efter fotografering av kystindianerne og deres liv, og i den anledning måtte jeg bo blandt dem. Men fy for et svineri! De levde som dyr — var fulle av utøi — ja, var i det hele tatt svært uappetitlige. [Dette er en oversettelse av en svunnen tid, og er ikke troen eller tanker av noen som er tilknyttet til utgivelsen av denne boken. *Oversetter*]

Da var innlandsindianerne noe ganske annet. Under opmålinger i Montana og Wyoming kom vi ofte borti dem. Der var spesielt en stamme som het «Nes Pers» [Nez Perce] — og innen denne særlig en liten squaw, som laget de nydeligste mokassiner til mig. Disse indianerne var stolte, renslige — og de hadde slike vakre profiler med den kraftige ørnenesen.

* * * * *

«Skriv hjem til mor» har så mangen en lovet og ment å holde — men det har kanskje ikke gått mange årene før det blev lengere og lengere mellem hvert brev. Grunnen er nok oftest at det intense liv derover med arbeidstid fra 6 morgen til 6 aften levner liten tid og lyst til korrespondanse, og en oplever så lite en mener kan interessere de der hjemme. De mangler skrivestoff — og det hjem og det land en forlot kommer mer og mer på avstand eftersom årene går.

Er en så heldig å være gift og ens hustru har hjemlengsel, kan der ennu være håp om å vedlikeholde korrespondansen og kanskje også bli animert til å besøke Gamlelandet.

Forretningen min gikk fremover med ren amerikansk fart, således at fra å gjøre alt arbeide selv hadde jeg tre fullt utlærte assistenter i stadig arbeide, med en stadig stigende fortjeneste. Dette gjorde at jeg kunde imøtekomme min hustrus ønske om å få ta en tur hjem til Norge under den forutsetning at hun skulde komme over til mig på vårparten.

Med tre barn, hvorav den minste bare var tre år [søn, Robert Charles Hutchinson Wilse, født 1897], drog hun alene den seks dagers jernbanetur gjennem Amerika og tolv dagers sjøtur til Norge.

Så begynte hennes brev å komme — med lovprisning over hvor vakkert det var hjemme, og av og til en fin hentydning til om ikke også jeg kunde komme hjem og dele synet og gleden med henne, med det resultat at jeg overdrog to av mine assistenter å drive forretningen til jeg til våren kom tilbake.

Så løste jeg billett for Norge, og en mørk oktober-aften landet jeg fra Hullerbåten ved Jernbanebryggen i Kristiania efter 16 års utlendighet. Og slik kom jeg da hjem, til det land som jeg hittil bare kjente fra den småbyen hvor jeg var vokset op og den hovedstad som tok imot mig — for å fristes til å ta fatt på det arbeid som skulde bli mitt livs arbeid: å lære Norge og dets skjønnhet å kjenne bak et kamera.

Wilse family portrait, Seattle, Washington. — Wilse familie portrett.
Anders Beer Wilse (1865), Helen Marie Hutchinson Wilse (1868), William (1893),
Abbie (1894) and Robert Charles (1897). [circa 1899] [Meyer photo]

Photographer Anders Beer Wilse passed away today 20th of February 1949. He was 83.

One of The Norwegian Tourist Association's best friends has passed away and will be missed. His life was something of an adventure.

Anders Beer Wilse, Seattle, Washington.
Portrait — Portrett. [circa 1892]
National Library of Norway

Growing up in Kragerø [Telemark, Norway], Anders' father was the Town Engineer. He grew up with fresh air and an active life on land and sea. Anders graduated from Hortens Technical School. Being unemployed he swiftly immigrated to America in 1884. Within his first year, Anders had toiled as a railroad engineer, which saw him put down new lines on the prairie and the Rocky Mountains. It was here that Anders as an early adopter of the camera, began using it to help him in the work. When he married, he settled in Seattle, [Washington] and became a "Scenic Photographer" in 1897.

Business was thriving. At the time there were plenty of people who wanted their picture taken. It was primarily lumber jacks and gold diggers - hard workers - that sought Anders' talents. They had their photos taken while working. Large corporations always wanted their achievements photographed. To take great pictures Anders would often set off on expeditions, he was one of the first to climb Mount Rainier (14,400 ft), Seattle. It was in Montana during one of his prospecting expeditions that he discovered the "Grasshopper Glacier" with millions of frozen insects by a mountain that was later named "Mount Wilse".

Over the years, Anders' family grew and his longing home grew with it. In 1900, he uprooted for a second time so he could be back in Norway. Upon on arrival he started his company as a nature photographer. In a surprisingly short time his name became known, not only in Norway, but also in many other countries. This comes as no real surprise as Anders was never shy of hard work. In those days, tourists, ramblers and lovers of nature could never be safe in thinking Anders Wilse wouldn't appear on top of a mountain hill, with a 10 kg camera on top of his rucksack, tripod and Kodak in hand. Anders was known for his hard work and professionalism. He could stay on location for days, come rain or shine, waiting until he got the right light for that perfect picture. Not only was he present when the fruit trees were in blossom but also on "Lofot Fishing", a closed railroad due to a snow storm, anything thing that was worth documenting. He loved our nature and country, with all of its changing elements and seasons. His pictures taught others to love and experience the beauty of our nature, not only with grand vistas but also the closeness of nature right next to us. When the tens of thousands of people who have never even been to Norway still have a visual image of it, then Wilse has more right than any to claim the honor for it.

As a speaker, Anders was often used here in Norway and other neighboring countries and in the USA. He himself claimed he had performed 836 slide shows - many times with no fee. One did not appeal to Wilse's good heart in vain.

Without doubt, our association had to use such a force. Hundreds of his pictures can be found in our annuals. He alone held 15 presentations for us. The first one he did was in 1909, the last one was a wistful remembrance in 1943: "Do you remember-". He participated in our propaganda, worked hard for the creation of nature reserves, and laid the foundation to our own photo library. When our council was established in 1927 he was soon to be found on the board and he continued right up to 1945 until his health prevented him. In 1932, we honored him with our "Tourist Button" in gold.

But Anders Wilse was not only a force that could be both used and be reckoned with, he was also a man you couldn't help but like. An honest man, a trustworthy friend and a glowing patriot of Norway. It was always a pleasure to meet him. Those who did not get the pleasure, will, in his two books, *Life of a Young Norwegian Pioneer* (1936) and *Norwegian Men and their Country* (1943). They will receive an unpolished view of him as a man and a lively commentary to his life's work: A national anthem in pictures.

Wihelm Munthe (1949)

Biografi — Nekrolog

Fotograf Anders Beer Wilse -Døde 20.februar i år (1949) 83 år gammel.

Med ham er en av vår forenings beste venner gått bort. Hans liv var noe av et eventyr.

Faren var stadsingeniør i Kragerø, og her vokste sønnen opp i friskt friluftsliv på sjø, og hei. Som arbeidsløs Hortens-tekniker utvandret han i 1884 til Amerika, slet vondt det første år og kom siden til å flakke om som ingeniør ved utstikningen av jernbaner over prerien og RockyMountains. Allerede tidlig hadde han tatt fotografiapparatet til hjelp, og da han så giftet seg, brøt han overtvert og nedsatte seg i 1897 som "scenic photographer" i Seattle.

Forettningen gikk fint, for det var nok av tømmerhuggere og gullgravere som ville bli fotografert under arbeide og av store aksjeselskaper som skulle ha bilder av naturherlighetene sine. Under en slik "prospecting expedition" i Montana var det han oppdaget "Gresshoppe-breen" med millioner frossne dyr fra et fjell som siden ble kalt Mount Wilse. Han var også en av de første bestigere av Mount Rainier (14 400 fot) ved Seattle.

Men familien vokste og hjemlengslen med den. I 1900 brøt han for annen gang overtvert. Han vendte hjem for å skape seg en levevei som naturfotograf. På overraskende kort tid ble hans navn kjent både hjemme og ute. Men så skydde han heller ikke slit og savn. I de årene kunne fjellvandrere aldri være trygg for at ikke Anders Wilse dukket opp midt i brattlendet, svettende med et 10 kilos platekamera ovenpå ryggsekken og med stativ og kodak i hånden. Han kunne klyve opp til en utsikt dag etter dag eller ligge på lur i timesvis i styggvær for å vente på den riktige belysning. Han var ikke bare på farten når frukttrærne blomstret i Hardanger; han var også med på Lofotfiske, når Bergensbanen snedde igjen eller noe merkelig var på ferde. Han elsket vår natur i alle dens skiftninger. Hans bilder lærte andre å se skjønnheten, ikke bare i de stolte panoramaer, men også i den intime natur rett inn på oss. Når titusener av mennesker, som aldri har satt sin fot i vårt land, allikevel har et synsbilde av Norge, så har Wilse mer enn noen annen æren av det.

Han ble også en benyttet foredragsholder, både hjemme, i nabolandene og i U.S.A. Selv mente han at han hadde holdt 836 lysbildeforedrag - ofte uten honorar. En appelerte aldri forgjeves til Wilses gode hjerte.

Det er klart at Turistforeningen måtte utnytte en slik kraft. Hundrer av Wilse-bilder er spredt i våre års bøker og 15 foredrag har han holdt for oss. Det første var i 1909. Det siste var et vemodig tilbakeblikk i 1943: "Husker Du-". Han deltok i vår propaganda, arbeidet for naturparker og la grunnen til vårt nåværende fotoarkiv. Da vårt råd ble opprettet i 1927, kom Wilse straks med og satt der like til 1945 da helsen ble skral. I 1932 takket vi ham med turistknappen i gull.

Men Anders Wilse var ikke bare en kraft som kunne utnyttes, han var også et menneske man måtte bli glad i. En ærlig sjel, en trofast venn, en glødende patriot. Det var alltid en glede å møte ham. De som ikke har gjort det, vil i hans to bøker «En emigrants ungdoms-erindringer» (1936) og «Norske landskap» (1943) få et uretusjert portrett av ham selv og en livlig kommentar til hans livsverk: en fedrelandssang i bilder.

Wihelm Munthe (1949)

Lysaker River, Bærum, Norway [near Oslo] with A. B. Wilse. — Lysakerelven med A. B. Wilse. [1941] Tilvekstnummer: NF.W 48407 & Internnr: NBR9602:02295 [NFM]

Anders Beer Wilse
Locations in
Life of a Young Norwegian Pioneer
En Emigrants Ungdomserindringer
1884-1900

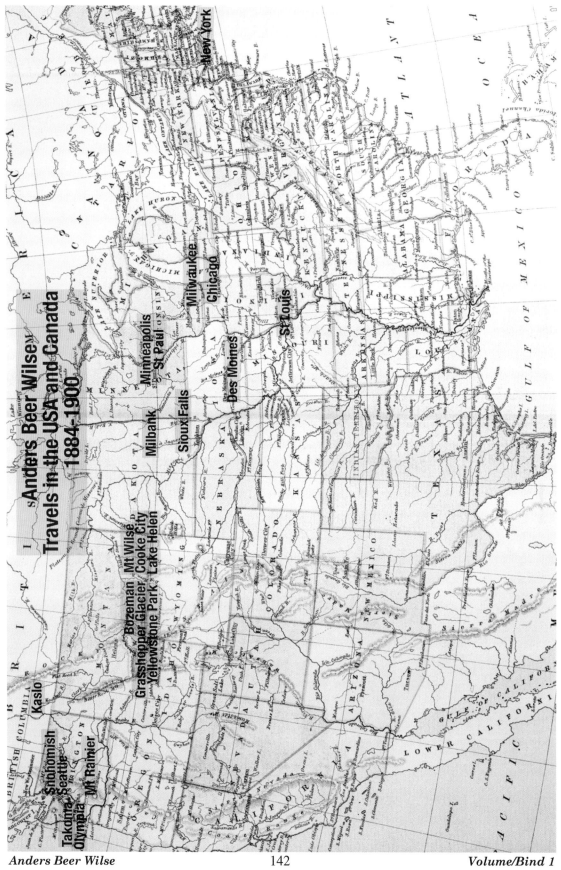

Anders Beer Wilse
Travels in the USA and Canada
1884-1900

New York
Milwaukee
Chicago
Minneapolis
St Paul
St Louis
Des Moines
Milbank
Sioux Falls
Bozeman Mt Wilse Cooke City
Grasshopper Glacier Lake Helen
Yellowstone Park
Kaslo
Snohomish
Seattle
Takama Mt Rainier
Olympia

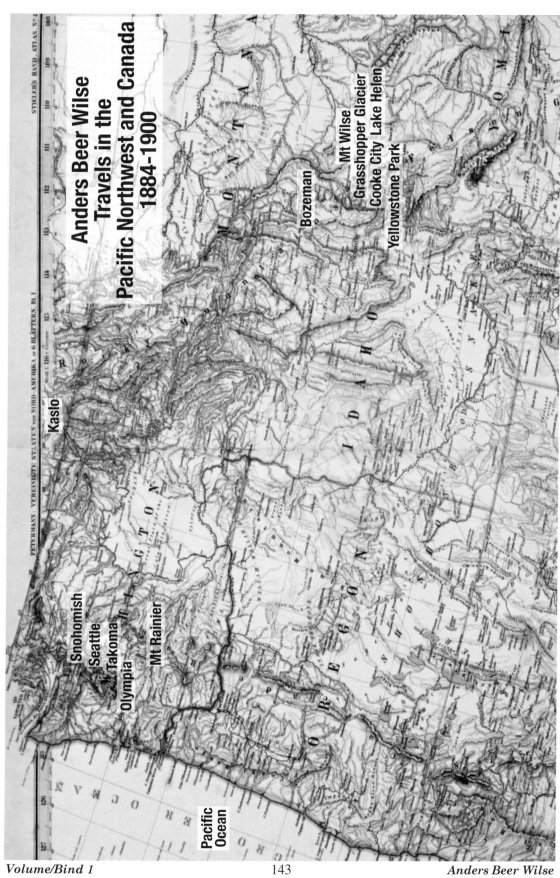

Anders Beer Wilse
Travels in the
Pacific Northwest and Canada
1884-1900

Mt Wilse
Grasshopper Glacier
Cooke City Lake Helen
Yellowstone Park

Bozeman

MONTANA

IDAHO

WYOMING

Kaslo

ROCKY MOUNTAINS

WASHINGTON

Snohomish
Seattle
Takoma
Olympia

Mt Rainier

OREGON

Pacific
Ocean

STIELER'S HAND-ATLAS. N° 4

PETERMANN: VEREINIGTE STAATEN von NORD-AMERIKA in 6 BLÄTTERN. Bl. 1

4 Lauritz Marius Wilse [Infantry Captain]
b. 16 Sep 1831
bp. Hurum, Buskerud, Norway
m. 15 Sep 1863
mp. Nes, Vest-Agder, Norway
d. 22 Oct 1898
dp. Kragerø, Telemark, Norway

2 Anders Beer Wilse [Photographer]
b. 12 Jun 1865
bp. Nes, Flekkefjord, Vest-Agder, Norway
m. 29 Jun 1892
mp. Seattle, Washington
d. 20 Feb 1949
dp. Oslo, Norway

5 Caroline Dorothea (Andersdatter) Beer
b. 4 Aug 1834
bp. Nes, Flekkefjord, Vest-Agder, Norway
d. 2 Apr 1886
dp. Kragerø, Telemark, Norway

1 3 Wilse/Hutchinson children born in USA:
b.
bp. William Hutchinson Wilse, b.1893, Seattle, WA
m.
mp. Abbie/Abby Helen Wilse, b.1894, Seattle, WA
d.
dp. Robert Charles H. Wilse, b.1897, Seattle, WA

6 Robert Charles Hutchinson [Shipmaster]
b. 26 Jun 1837
bp. Bragernes, Drammen, Buskerud, Norway
m. 30 Nov 1864
mp. Bragernes, Drammen, Buskerud, Norway
d. 25 Aug 1886
dp. Bragernes, Drammen, Buskerud, Norway

3 Helen Marie Hutchinson
b. 29 Jun 1868
bp. Bragernes, Drammen, Buskerud, Norway
d. 17 Sep 1941
dp. Kragerø, Telemark, Norway

7 Gunvor Johanna (Georgsdatter) Faye
b. 9 Sep 1843
bp. (Folden) Rørstad, Nordland, Norway
d. 29 Nov 1916
dp. Bragernes, Drammen, Buskerud, Norway

8 Laurentius Sophianus Wilse [Lieutenant]
b. 20 Jan 1788
bp. Eidsberg, Østfold, Norway
m. 23 Feb 1827
mp. Nittedal, Akershus, Norway
d. 15 May 1860
dp. Østregade, Halden, Østfold, Norway

Maren Ancher/Anker (Jensdatter) Holmboe
b. 25 Oct 1790
bp. Brevik, Telemark, Norway
d. aft 1865
9 dp. 1865 census Kristiania (Oslo), Norway

10 Anders Christophersen Beer [Shipowner]
b. 15 Jan 1801
bp. Flekkefjord, Vest-Agder, Norway
m. 11 Jan 1828
mp. Nes, Vest-Agder, Norway
d. 24 Jan 1863
dp. Flekkefjord, Vest-Agder, Norway

Kisten/Kirstine Dorothea (Jensdatter) Lassen
b. 22 May 1808
bp. (baptism) Nes, Vest-Agder, Norway
d. 15 Jun 1843
11 dp. Flekkefjord, Vest-Agder, Norway

12 Robert Dalton Hutchinson [Lumber Merch.]
b. 13 Jun 1787
bp. S. Leith, Midlothian, Scotland, imm ~1826-1827
m. 23 Jun 1831
mp. St Cuthbert's, Edinburgh, Midlothian, Scotland
d. 17 Aug 1843, flyfishing accident in Vikersund
dp. Sundland, Drammen, Buskerud, Norway

Helen/Ellen Old/Auld
b.
bp. lived in Scotland, immigrated to Norway
d. 28 Jul 1861
13 dp. Bragernes, Drammen, Buskerud, Norway

14 Georg Taylor Faye [Sognepræst]
b. 1 Sep 1804
bp. Bragernes, Drammen, Buskerud, Norway
m. 7 Jan 1839
mp. Ramnes, Vestfold, Norway
d. 2 May 1861
dp. Lardal, Vestfold, Norway

Gunvor Marie (Kiddelsdatter) Taraldsen
b. 7 Aug 1813
bp. Kristiansand, Vest-Agder, Norway
d. 10 Mar 1886
15 dp. Bragernes, Drammen, Buskerud, Norway

16 Jacob Nicolai Wilse [Sognepræst]
b. 24 Jan 1735, Lemvig, Denmark
d. 23 May 1801, Østfold, Norway

Gurine Maria (Simonsdatter) Morland
b. 30 Nov 1760, Østfold, Norway
17 d. 11 May 1796, Østfold, Norway

18 Jens Ottosen Holmboe [Sognepræst]
b. 25 Mar 1746, Akershus, Norway
d. 24 Apr 1823, Østfold, Norway

Cathrine (Hansdatter) Holst/Holste
b. 4 May 1763, Akershus, Norway
19 d. 25 Apr 1823, Østfold, Norway

20 Christopher Jensen Beer[Shipowner]
b. 1770, Nes, Vest-Agder, Norway
d. 6 Sept 1839, Nes, Vest-Agder, Norway

Anne Malene (Andersdatter) Tjørsvåg
b. 1772, Nes, Vest-Agder, Norway
21 d. 1820, Nes, Vest-Agder, Norway

22 Jens Lassen [Merchant]
b. abt 1780, m. 1807 Vest-Agder, Norway
d. abt 1817, Nes, Vest-Agder, Norway

Karen Dorothea (Larsdatter) Soland
b. 13 Dec 1788, Nes, Vest-Agder,
23 d. (m. 1807, Nes, Vest-Agder, Norway)

24 John Hutchinson [Timber Merchant]
b. 4 Oct 1741, Corbridge, England
d. 22 Aug 1830, Midlothian, Scotland

Ann Richley
b. 29 Jun 1755, Corbridge, England
25 d. aft 1797, Midlothian, Scotland

26 David Old/Oal/Auld
b. lived in Scotland
d.

Unknown
b.
27 d.

28 Christopher Hansen Faye
b. 16 Apr 1772, Buskerud, Norway
d. 12 Dec 1825, Buskerud, Norway

Maren Marthea (Andersdtr) Borgen
b. 16 Nov 1780, Buskerud, Norway
29 d. 27 Oct 1817, Buskerud, Norway

30 Kiddel Taraldsen [Master Blacksmith]
b. 5 Jan 1785, Vest-Agder, Norway
d. 28 Jul 1817, Vest-Agder, Norway

Anne Marie Catrine (Clausdtr) Coldis
b. 6 March 1795, Aust-Agder, Norway
31 d. (m. 1812, Kristiansand, Vest-Agder)